Ines Geipel

NO**LIMIT**

Wie viel Doping verträgt die Gesellschaft

Klett-Cotta

Klett-Cotta

www.klett-cotta.de

© J. G. Cotta'sche Buchhandlung Nachfolger GmbH, gegr. 1659,
Stuttgart 2008

Alle Rechte vorbehalten

Fotomechanische Wiedergabe nur mit Genehmigung des Verlags

Printed in Germany

Umschlag: Weiss/Zembsch/Partner: Werkstatt München

Foto: Walter Hodges, USA

Gesetzt aus der ITC Stone von Kösel, Krugzell

Auf säure- und holzfreiem Werkdruckpapier gedruckt und
gebunden von Kösel, Krugzell

ISBN 978-3-608-94458-7

Bibliographische Information der Deutschen Nationalbibliothek
Die Deutsche Nationalbibliothek verzeichnet diese Publikation in
der Deutschen Nationalbibliographie; detaillierte bibliographische
Daten sind im Internet über <http://dnb.d-nb.de> abrufbar.

Inhalt

Vorwort   7

I. DIE METAMORPHOSE HAT BEGONNEN

1. Der Körper befindet sich in der Ladephase –
   Über die verdopte Gesellschaft   13

2. Vom Verlust der inneren Zeit – Die historische
   Doppelhypothek des deutschen Sports   34

3. Könnt Ihr dort Repoxygen bekommen? – Worüber
   ein illegaler Dopingring kommuniziert   54

4. »Was wir brauchen, ist ein gut funktionierendes
   Team, das uns hilft, unsere Kinder zu schützen«
   Interview mit Nikolai Durmanow   71

II WO IST REPOXYGEN?

5. Wenn Muskeln einen Wunsch frei hätten –
   Im Land der angewandten Fiktionen   83

6. Geschichten vom neuen Körperset –
   Die Welt des Gendopings   100

7. »Kein Antidopinglabor der Welt kennt auch nur
   die Hälfte der verbotenen Substanzen, die gerade
   gehandelt werden«
   Interview mit Robin Parisotto   118

III WIR WERDEN DIE SAUBERSTEN SPIELE MACHEN

8. Kulissenumbau im chinesischen Sportsystem –
   Von Daliwan, Medaillenramsch, Guanxi und
   Tibetischen Doggen 131

9. Bei den Doktoren Xhu und Wu – Was im
   Olympia-Dopinglabor passiert 149

10. »Ein Land regieren ist wie einen Bus steuern.
    Es muss aber auch jemanden geben, der ihn
    fahren kann«
    Interview mit Zhou Qing 163

Literaturauswahl 173

Glossar 175

Danksagung 181

Vorwort

Doping – worüber reden wir? Über die Verkommenheit des Sports? Eine potente Metapher für den Zustand unserer Gesellschaft? Über verbotene Medikamente, die Verfehlungen Einzelner, über hochgerüstete Betrugskartelle? Über Betrug als öffentlich eingespielte Norm, die zur gesellschaftlich akzeptierten Regel geworden ist?

Das Buch beginnt nicht im Profisport, sondern mitten in der Gesellschaft – in Hörsälen, in Fitnessstudios, an der Börse. Weil das Betrügen zum Zwecke der Leistungsoptimierung längst mehr keine Sache von wenigen ist. Chemischer Maximalismus ist angesagt, und Doping ist eine maßgebliche Ingredienz, um die gutgeölte Gesellschaft am Laufen zu halten. Aber wollen wir wirklich so leben? Was sind uns unsere Körper wert? Wie weit wollen wir gehen? Wollen wir wirklich so radikal mit unserer bisherigen Kultur brechen? Forschung und Technologie haben sich in den vergangenen 20 Jahren rasant entwickelt. Krankheiten, an denen die Wissenschaft bisher verzweifelt ist, sind – zum Glück vieler – heilbar geworden. Doch wie bei allem Neuen stellt sich auch hier die zwiespältige Frage: Was ist Fortschritt, was Verlust? Wer nimmt es in die Hand zu klären, wie wir mit den genfrisierten Körpern leben wollen, die demnächst unter uns weilen? Wie wird es sein unter pharmakologisch aufgerüsteten Übermenschen, die keinen Schmerz mehr kennen?

Die Osmose zwischen Gesellschaft und Sport ist so intensiv wie nie. Beide sind Komplizen und aufs engste miteinander verschaltet, wenn es um die konzertierte Optimierung unserer Körper geht. Doch welche inzwischen globale Ideologie verbirgt sich dahinter? Und was geschieht mit dem Sport, dem großen Maschinenraum der neuesten Körper? Ist mit kurzatmigen Antidopingprogrammen schon Land gewonnen? Was bringt ein teures, weitgehend ohnmächtiges Kontrollsystem, was bringen Sanktionen, wenn sie das verseuchte System nicht gesünder, sondern nur scheinheiliger und zwangsläufig auch korrupter machen? Hat nicht die halbherzige Offenlegung des Sportbetrugs allein dazu geführt, dass sich Doper- und Antidopersysteme bloß neu austariert haben?

Das Buch sucht nicht den Skandal, sondern der einfachen Frage nachzugehen, warum alle bisherigen Aufräumversuche in dieser Sache wenig verrichtet haben. Und es will wissen, warum Gendoping nach anfänglichem Aufschrei zunächst so schnell wieder aus dem öffentlichen Bewusstsein verschwunden war. Liegen die Substanzen auf Eis, weil sie nichts bringen? Hat der Sport angesichts der Risiken weitsichtig auf sie verzichtet? Was ist beim Gendoping der Stand der Dinge, jenseits von alarmistischer Spekulation und Beschweigen?

»One world – one dream« lautet das Motto der Olympischen Sommerspiele 2008 in Peking. Aber was wir zu sehen bekommen, ist eine geteilte Welt: da perfekte PR und Jubel, dort Hunderttausende Chinesen in Gefängnissen und Lagern. Einerseits die offizielle Ansage, wir würden die saubersten Spiele erleben, die es je gegeben hat, zum anderen die Aussicht auf über hundert neue Dopingsubstanzen, von denen kein Labor bisher gehört hat. In Peking wird der Betrug triumphieren. Er lässt sich feiern und steht im Rampenlicht. Der Traum vom weltumspannenden Gedanken der Fairness ist ausgeträumt. Was jetzt?

»No Limit« hat versucht, diese Fragen auch in internationaler Perspektive zu stellen. Dopingexperten wie der Russe Nikolai Durmanow und der Australier Robin Parisotto sind dankenswerterweise darauf eingegangen. Das dritte Interview – mit dem chinesischen Schriftsteller und Regimekritiker Zhou Qing – hat eine besondere Geschichte. Ursprünglich für Ende September 2007 in Peking geplant, konnte es nicht stattfinden. Der invasive Eifer des chinesischen Geheimdienstes verhinderte es. Als Zhou Qing im Februar 2008 in Berlin war, holten wir es nach. Obwohl es ihn gefährden könnte, wollte er ausdrücklich, dass das Gespräch in dieses Buch aufgenommen wird – als Botschaft an uns, die wir frei leben können.

Ines Geipel, im März 2008

1 DIE METAMORPHOSE HAT BEGONNEN

1. Der Körper befindet sich in der Ladephase – Über die verdopte Gesellschaft

Mein Idol ist sauber. Er erklimmt den Berg,
und schon ist meine Leere weg.

EIN RADFAN IM INTERNET, 2007

Im Fitnessstudio. Die Stange fällt auf den Brustkorb und wippt leicht nach. Klaus W. hält einen Moment inne, drückt die Hantel dann mit einem Ruck wieder hoch. Zehnmal geht das so. Seine Halsschlagader ist faustdick geschwollen, das Gesicht rot und aufgebläht. Alles ist angespannt, bis die 120 Kilo schwere Stange zurück aufs Gestell knallt. »Mehr geht heute nicht«, schüttelt er den Kopf, setzt sich auf, reibt sich die Handgelenke. Sie schmerzen. Sein Atem ist kurz. Auf dem roten Kunstleder der Bank haben sich Ringe aus Schweiß ausgebreitet.

Klaus W. ist 39 Jahre alt und arbeitet in Wiesbaden als Manager in der Computerbranche. Er liebt das Kühle, Klare. Und er liebt Muskeln. Vor zehn Jahren begann er mit dem Hanteltraining. »Zum Aufbau eines schönen Körpers«, wie er es nannte. Im ersten Jahr tat sich so einiges. Der Körper wurde straffer, die Muskeln formten sich. »Aber plötzlich gab es keinerlei Effekte mehr. Da war so ein Punkt. Über den kam ich nicht hinaus. Da dachte ich, die Natur sei ausgeschöpft.« Er versuchte es mit Eiweißpulver und Nahrungsergänzungsmitteln, was nicht viel brachte. Der sportive Manager trainierte weiter, täglich. An trainingsfreien Tagen

13

erinnerte er sich ab und zu daran, dass die Kumpels im Fitnessstudio immer wieder von ihren »Kuren« sprachen. Lange Zeit hatte ihn das nicht interessiert. Doch nun hörte er genauer hin. Eines Abends nach dem Training klopfte ihm einer von ihnen auf die Schulter: »Na komm, ich erklär dir das mal.«

Klaus W. begann seine erste »Kur« über zwölf Wochen – mit 500 mg Testosteron und 400 mg Nandrolon jeden fünften Tag. Die Steroide bekam er problemlos, in seinem Studio. »Kein Stoffer-Studio, eher ein ganz normales.« Und sie waren billig, zwischen drei und sieben Euro. Die Ampullen spritzte er sich in die Schulter. »Nicht lange, und du sahst aus wie ein Model. 15 Kilo Muskelmasse mehr. Das war nicht zu fassen.« Klaus W. bekam den Körper, den er sich vorgestellt hatte. Doch nach dem Absetzen schwanden seine Muskeln wieder, wie sie gekommen waren, so hart er auch trainierte. Er brauchte eine zweite »Kur«, höher dosiert und über 16 Wochen. »Ich war total drauf, hatte einen echten Flow.« Was ihn in der Zeit aber quälte, war eine eigenartige Unruhe. Nachts schlief er nicht, weil er dachte, die Muskeln würden platzen. In der zehnten »Kur«-Woche spürte er ein Ziehen in der linken Brust, zwei Wochen später einen schmerzhaften Knoten. Als er im Studio davon erzählte, winkten die anderen ab: Gynäkomastie. »Normale Gyno oder Prolaktin-Gyno?«, fragte einer. »Keine Ahnung«, schüttelte Klaus W. den Kopf. »Nimm Zink, das ist Standard, am besten noch Bromocriptin dazu.«

Annähernd sieben Millionen Männer und Frauen, verteilt auf 6500 Studios, trainieren derzeit in Deutschland für ihren »optimalen Körper«. Die Szene ist seit Anfang der neunziger Jahre geradezu explodiert und mit ihr auch der Dopingmittelkonsum. 22 Prozent der Männer und acht Prozent der Frauen bestätigen laut einer Studie, dass sie anabole Steroide genommen haben, und zwar mindestens einmal, die meisten mehrfach. Jeder fünfte Mann und beinah jede zehnte Frau in Muckibuden sind somit Doper, Dunkelziffer nicht inbegriffen. Oder auch: 770 000 Männer und fast 300 000 Frauen trainieren allein in Fitnessstudios gegenwärtig mit Chemie. Bekanntermaßen tragen statistisch 10 bis 15 Prozent von ihnen irreversible Schäden davon.

In der Bodybuilder-Szene fallen die Giftzahlen noch weitaus drastischer aus. Der Landshuter Gerichtsmediziner Luitpold Kistler, der 2006 mit seiner Dissertation »Todesfälle bei Anabolikaursache« erstmals Todesursachen und Befunde anhand von Obduktionen bei Bodybuildern untersuchte, antwortete auf die Frage, wie hoch der Anteil der Anabolikakonsumenten unter leistungsorientierten Bodybuildern sei, unmissverständlich: »100 Prozent.«

Die Szene konsumiert ungehemmt, da nur Vertrieb, nicht aber Kauf und Konsum strafbar sind. Und so unterhält man sich in den einschlägigen Chatrooms denn auch ganz unverstellt: »Liebe Eisenfreunde, fahre seit 14 Wochen mit 500 mg Testo und 600 mg Stromba. Will das noch bis Woche 18 durchziehen, bevor ich auf die Diätphase für den Wettkampf umschalte. Soll ich höherfahren?« – »Stromba ist Quatsch. Nimm was Härteres.« Der Eintrag eines 25-jährigen Bodybuilders: »Bei mir sind die Warzen schwammiger und spitzer geworden. Da hängt auch ein bisschen was raus, so nach unten. Was ist das denn?« – »Tut's weh? Wenn ja, geh lieber in ein Labor und nicht zum Arzt. Die schneiden immer gleich weg.«

Der Betreiber eines Fitness- und Wellnesscenters gibt sich fürsorglich: »Vor gut einem Jahr erlitt eines unserer Mitglieder einen Herzstillstand und starb im Spital. Der Vorfall hat uns dazu angeregt, einen Defibrillator für unser Center anzuschaffen, damit wir schneller reagieren können.« – »Super. Könnten sich manche Studioketten ein Stück von abschneiden. Sicherheit geht nun mal vor«, lautet die prompte

Reaktion. Ein Herzstillstand scheint die Stoffer-Szene noch zu beschäftigen. Denn eine 30-Jährige aus Frankfurt antwortet:»In meinem Studio sind auch schon etliche an Herzstillstand gestorben. Vor einem halben Jahr erst wieder einer. Er war gerade mit dem Training fertig, wollte gehen, brach zusammen und war sofort tot: um die 40 Jahre, Vater zweier Kinder.«

Auch über die neuesten Pharmahits findet im Chatroom ein lebhafter Austausch statt:»Kennt ihr schon NitroNox? Ist es besser als NitroBomb?« – »Super Muskelpump! Hier der Wochenplan: Woche 1: Der Körper befindet sich in der Ladephase. Die Muskeln schwellen an. Woche 2: NitroNox hat den Schalter zur Transformation ausgelöst. Kraft, Regeneration, Ausdauer. Woche 3: Die Metamorphose hat begonnen. Ab jetzt geht alles noch viel besser. Jeder im Studio wird dich fragen: Was nimmst du? Woche 4: Wenn du in den Spiegel schaust, registrierst du neue muskuläre und vaskuläre Merkmale. Du bist auf einem neuen Pump-Level angelangt. Aber es geht noch weiter!«

Auf die zweite »Kur« von Klaus W. folgte die dritte, die vierte, die fünfte. Im Internet las er sich durch Seiten, die ihn über die Folgen des Anabolikakonsums informierten: eitrige Akne, Organerkrankungen vor allem von Leber und Herz, sich zurückbildende Geschlechtsmerkmale, Arteriosklerose, Hormonstörungen, Suchterkrankungen, Depressionen, Gewebeveränderungen, die zu Krebs führen. Er beruhigte sich nach der Lektüre damit, dass sein gesamtes Umfeld genauso drauf war wie er. Nur manchmal, wenn sein Körper auf die Dressuren mit Schmerzen reagierte, schwang auch Angst mit. »Klar weißt du nicht, was in 20 Jahren mit so einem Steroidkörper passiert. Musst du halt Glück haben.«

Vor drei Jahren begann er, zusätzlich zu seinem üblichen Anabolikaprogramm noch Wachstumshormone einzusetzen. »Von dem Zeug rinnt dir das Fett nur so unter der Hand weg«, hatte man ihm erklärt. Das klang verlockend, denn die langen Anabolikakuren hatten ihn aufgeschwemmt. »Nach einem Jahr kriegte ich Probleme mit dem Blutzucker. Einer aus dem Studio riet mir, die mit Insulin aufzufangen.« Doch Klaus W. rutschte immer wieder in den Unterzucker, mit »Schmerzen im rechten Oberbauch und so einem matten Gefühl«. Er bekam Polyurie, verlor täglich mehr als zehn Liter Wasser und beinah 40 Kilo Gewicht innerhalb eines Jahres. Die Diabeteskrise weitete sich aus, bis er nach zwei Jahren Wachstumshormonen ins Krankenhaus eingeliefert wurde. Diagnose: Diabetes mellitus, nichtinfektiöse Hepatitis und Nierenversagen. Fünf Tage lang behandelten die Ärzte ihn mit Insulin. Als die Werte wieder im Normbereich lagen, wurde er entlassen.

»Das hier kann man nicht so einfach lassen«, beteuert Klaus W. und schaut im Trainingsraum um sich. Er ist weg von den Wachstumshormonen, nicht aber von den Steroiden. »Ich bin grad in der Definitionsphase – für die Frühjahrssaison«, sagt er. Der Muskelfan klopft sich die Handkreide vom Shirt, zieht die Bandagen von den Handgelenken und die Gewichtescheiben von der Hantelstange. Genug für heute. »Wusste ich nicht, dass Steroide wie Drogen wirken. Alle nehmen das Zeug, aber was es im Kopf mit dir macht, darüber spricht keiner.« Anabolika sind Hirnstimulanzien. Langzeitkonsumenten berichten von Aggressionsschüben, auf die schwere depressive Phasen folgen. »Aus so einer Spirale«, sagt Klaus W., »kommst du nicht so leicht wieder raus.«

An der Hochschule. Sie starrt minutenlang auf den flirrenden Bildschirm ihres Computers. Der Gedanke, der soeben noch da war, ist weg. Nina K. kennt das Gefühl, dass ihr etwas abhandenkommt, seit langem. Sie ist 23 Jahre alt und studiert im achten Semester Kulturwissenschaften an der

Freien Universität Berlin. Die Arbeit, die sie in drei Tagen abgeben muss, hat sie »Geschichte vom neuen Glück« genannt und dafür viel gearbeitet. »In gewisser Weise ist das mein Thema«, sagt sie. Materialien, Interviews, Entwürfe – ein Berg Papier stapelt sich auf ihrem Schreibtisch. Sie muss nichts mehr sichten, nur noch schreiben. Doch sie kann nicht.

Die ganze Welt scheint sich vor ihr zurückzuziehen, nur der Druck nicht, mit dem das Loch entsteht, in das die Gedanken fallen. Sie kann ihnen dabei zusehen und sogar den Ton beschreiben, der das Verschwinden begleitet: »Irgendwann macht es nur noch plopp.« Danach ist Stille. »Es geht offenbar darum, dass ich der Jemand bin, für den ich etwas tue.« Ein Satz, der verstellt klingt. Für Nina K. stimmt er. Er ist ihre Realität. »Ich habe oft das Gefühl, dass ich nicht vorwärtskomme, einfach dumm werde. Ich fange an, traurig zu werden.«

Gegen das Entschwinden suchte die angehende Kulturwissenschaftlerin einen Ausweg. Eine Kommilitonin erzählte, dass sie wegen ihres Zitterns Inderal bekomme. Seitdem seien auch die Probleme mit der Konzentration verschwunden. Nina K. besprach sich mit ihrer Ärztin. Die empfahl ihr Ritalin. Anfangs bekam sie das Mittel auf Rezept, dann besorgte sie es sich der Einfachheit halber übers Internet. Ritalin holte die Wörter aus dem Bildschirm zurück und half ihr, sie zu sortieren. »Es war ein Geländer, an dem ich mich entlanghangelte. Ohne Pillen kein Studium. Dabei war es so, dass ich mich mit der Zeit veränderte. Als würden meine Gefühle sehr schnell altern. Früher waren sie scharf wie Kristalle. Heute sind sie ein einziger mäandernder Strom.«

Die »Geschichte vom neuen Glück« wollte die Studentin aus diesem Grund ohne den Pharmakick angehen. »Das hatte vor allem mit dem Thema zu tun«, verrät sie, »dem ganzen Neuro-Hype. Gefühle, Konzentration, Kompetenz, für jeden und alles gibt es mittlerweile Happypills. Alles lässt sich steuern. Wenn du aber dauernd von Persönlichkeitsdatenbanken und Hirnscans liest, willst du die Chemie nur noch loswerden. Doch dann ist das Loch plötzlich wieder da.«

Nina K. gehört zum Millionenheer von Konsumenten, die versuchen, sich mit Psychopharmaka wie Ritalin, Prozac, Adderall, Strattera, Inderal oder Modafinil chemisch auf die Sprünge zu helfen. Martha Farah vom Center for Cognitive Neuroscience der University of Pennsylvania sagt mit Blick auf den Trend zur Psychopille: »Die Verbesserung von normalen neurokognitiven Funktionen – und dazu gehören Stimmung, Gedächtnis, Appetit, Libido und Schlaf – mit pharmakologischen Mitteln ist für viele längst eine Tatsache.« Im Amerikanischen ist dafür der Begriff Neuro-Enhancement, also neurologische und kognitive Verbesserungen, gefunden worden, bei dem pharmakologische Optimierungen nicht auf Therapie, sondern auf fittere Denkorgane bei Gesunden zielen. Die ursprünglich für Patienten mit Alzheimer, Narkolepsie, Depressionen oder Aufmerksamkeitsstörungen entwickelten Medikamente erfreuen sich in einer Gesellschaft, die sich ständig selbst unter Druck setzt, immer größerer Beliebtheit. Die Hoffnung auf mehr Glück, unerschöpfbare Energien, ein besseres Gedächtnis, beste Laune oder einfach einen effzienteren Alltag sicherten den sogenannten Lifestyle-Drogen im Jahr 2007 weltweit ein Marktvolumen von 29 Milliarden Dollar. Unter dem Titel »Die Welt als Pille und Vorstellung« hieß es im Magazin der »Süddeutschen Zeitung«: »Im Jahr 2006 wurden in Deutschland allein von den neueren Antidepressiva, die die Produktion des Botenstoffs Serotonin im Gehirn anregen, 4,8 Millionen Packungen verkauft.« Und Martha Farah schätzt, dass jeder zehnte Highschool-Schüler und jeder fünfte College-Student in den USA seine Leistung mittels Chemie frisiert. Auf den Schulhöfen blüht der Medikamentenhandel, und an den Universitäten finden notorische Ritalin-Partys statt. Die Verschreibungszahlen für »Lovely Rita«, von der Weltgesundheitsorganisation als ein »extrem abhängig machendes Medikament« bezeichnet, haben sich in den USA zwischen 1992 und 2002 mehr als verfünffacht. Laut einer Studie nehmen derzeit sieben Millionen amerikanische Kinder täglich Ritalin, eine Substanz, die für Patienten mit sogenannter Aufmerksamkeitsdefizit-/Hyperaktivitätsstörung (ADHS) entwickelt wurde. Weltweit ist der Umsatz des Stoffs im vergangenen Jahrzehnt um 700 Prozent gestiegen.

Auch in Deutschland wird über Ritalin debattiert – so kontrovers wie anhaltend. Die rasant anschnellende Patientenzahl dürfte ein Grund dafür sein. 1990 waren 1500 Kinder mit dem Medikament behandelt worden, die Zahl stieg im Jahr 2002 bereits auf 50000, und 2007 war schließlich von 500000 diagnostizierten ADHS-Fällen die Rede. Wo Eltern, aber auch Ärzte den Erfolg der Tabletten bei den »Hypies« bestätigen, steht das Produkt bei Psychologen, Lehrern, Berufsverbänden oder in Suchtberichten unter massivem Verdacht. Insbesondere Psychologen weisen darauf hin, dass es Hyperaktivität nicht ursächlich bekämpft, und beschreiben negative soziale Konsequenzen für die Konsumenten, die sich nicht selbst, sondern nur der Substanz den Erfolg zurechnen können.

»Die psychopharmakologische Dämpfung erschwert den psychischen und geistigen Reifungsprozess bei behandelten Kindern«, schreibt der Autor und Diplompädagoge Peter Lehmann in seinem Buch »Schöne neue Psychiatrie«. Und Marie Ann Block, Autorin von »No More Ritalin«, weist zusätzlich auf die Problematik fehlender Daten bei der Langzeitanwendung der Substanz hin: »Mit unseren Kindern werden soeben Langzeitstudien durchgeführt, ohne dass sie oder ihre Eltern sich dessen bewusst sind.«

Ähnlich hitzig und ambivalent verläuft in den USA die Debatte über die sogenannte Glücksdroge Prozac, die laut aktuellen Zahlen 20 Millionen Amerikaner regelmäßig zu sich nehmen. Als das US-Gesundheitsamt eine Studie veröffentlichte, nach der 2004 die Selbstmordrate von Personen zwischen 10 und 24 Jahren um acht Prozent gestiegen war, fanden die Medien heraus, dass im selben Jahr die Prozac-Verschreibungen massiv eingebrochen waren. Der Aufschrei war groß, da der Umstand eine Verbindung zwischen dem Lebenswillen amerikanischer Jugendlicher und ihrem Prozac-Konsum nahelegte. Die Behörden reagierten und verlangten vom Prozac-Hersteller Eli Lilly die schärfstmögliche Abschreckung: eine Blackbox-Warnung. Der Medikamentenhandel mit Prozac rutschte drastisch in den Keller, um sich aber nach kurzer Zeit genauso fulminant wieder zu erholen.

Denn Prozac und seine chemischen Verwandten wie Zoloft oder Paxil haben sich vor allem unter amerikanischen Jugendlichen derart etabliert, dass sie keine Blackbox-Warnung mehr abschrecken kann. Und Prozac spielt längst auch in den Bereichen des Sports, der Medien und des Managements eine beträchtliche Rolle. Es ist ein harscher Griff in die Vitalsubstanz der US-Gesellschaft, der nicht ohne Reaktion geblieben ist. So empörten sich Eltern bei einer öffentlichen Anhörung des Gesundheitsamtes in Silver Spring, Maryland, im Dezember 2006 gegenüber Sachverständigen der Regierung und der Pharmaindustrie, dass diese »unsere Kinder töten« würden. Die Lobby der 250-Milliarden-Pharmabranche ging zur Verteidigung über: Die Geschäfte liefen mau, jammerte sie und wetterte gegen rasch auslaufende Patente, Preiskontrollen, hohe Entwicklungskosten und übertriebene Blackbox-Warnungen. Der Pharmakritiker David Healy hielt dagegen und warf ihr vor, »nicht nur die Regeln zu verletzen, sondern gleich das gesamte Regelwerk zu verkaufen«.

Der Schlag traf schwer, denn Healy war sowohl Prozac verschreibender Psychiater als auch Berater großer Pharmakonzerne und demzufolge ein absoluter Insider des Gewerbes. Mit seinem 2004 veröffentlichten Buch »Let Them Eat Prozac: The Unhealthy Relationship Between the Pharmaceutical Industry and Depression« kam er mit einer Streitschrift, die nicht nur die Wirksamkeit von Prozac bestätigte, sondern auch die dunklen Seiten der vermeintlichen Glücksdroge ausbreitete: schwerste Entzugserscheinungen, Suizide, Gewalttätigkeit.

Den großen Pharmabluff sehen Kritiker wie Healy aktuell vor allem aber in der künstlichen Schaffung von Konsumentenbedürfnissen. Es ist ein mieser Deal mit Ängsten, bei dem die »wunscherfüllende Medizin« begonnen hat, bisher unbekannte Krankheiten zu definieren. So zielt die Neuschöpfung Mild Cognitive Impairment auf eine Patientengruppe mit »leichter kognitiver Beeinträchtigung«. Es geht dabei um eine Klientel, die im Vergleich zu ihren Altersgenossen viel vergisst, aber noch nicht dement ist. Dem Produkt dürfte aufgrund des demographischen Wandels eine stattliche Karriere sicher sein.

Der Leverkusener Bayer-Konzern wollte beim aktuellen Kreativtrend der Pharmazie nicht außen vor bleiben und wirbt seit Anfang 2008 mit einer Pille für Männer ab 40. Potenzpille und Testosteron könnten im innigen Verbund die erektile Dysfunktion der Kunden mit einem Schlag erledigen, weiß das Unternehmen. Dabei gibt Bayer für seine Pharmanovität erstaunliche Unbedenklichkeitserklärungen heraus, zumal die Nach- und Nebenwirkungen von Testosteron sattsam bekannt sind.

Im rauen Wettkampf um Renditen hat sich inzwischen eine gut ausdifferenzierte Forschungsfront aufgebaut, die den Spagat zwischen Vorlagen von Zulassungsbehörden und der Realisierung von Marktpotential beherrscht. Doch wer zieht in diesem Bereich die Grenzen? Judy Illes, Direktorin des Stanford Center for Biomethical Ethics, die das Ziel ihrer Arbeit mit den Worten »Schutz und Geheimhaltung des menschlichen Gedankens« umreißt, sagt über die aktuelle Forschungslandschaft der Neurowissenschaften: »Die Zahl der Studien über offensichtliche soziale und gesellschaftliche Auswirkungen nimmt stetig zu. Dazu gehören Untersuchungen der menschlichen Kooperationsbereitschaft, des Konkurrenzverhaltens, neurophysiologische Auffälligkeiten bei gewalttätigen Personen oder die genetischen Einflüsse auf Hirnstruktur und Hirnfunktion.«

Die Bioethikerin bezieht sich vor allem auf die Großforschungsprogramme für neuartige Gedächtnis- und Lernpillen, wie sie bei verschiedenen Pharmariesen betrieben werden. Der Mensch im Zeitalter von Hirndoping wird – glaubt man den Verheißungen der Pharmawelt – ein rundum Glücklicher sein. Trauer kommt nicht mehr vor, Panik und Ängste verschwinden, und die trüben Flecken des inneren Kontinents werden mittels Chemie so gründlich bekurt, bis sie keine mehr sind. Die Stimmung wird immer besser, das globale Glück bricht aus allen Poren. Doch weil solche Megasuggestionen nie von allein in Gang kommen, muss kräftig in sie investiert werden.

So gab die US-Pharmaindustrie im Jahr 2004 57,5 Milliarden Dollar für Werbung aus, während ihr Forschungsetat 31,5 Milliarden Dollar betrug. Interessant wären derlei Informationen auch für andere Länder, doch werden nicht überall aussagekräftige Zahlen so offen publiziert wie in den Vereinigten Staaten. Von der Redaktion »arznei-telegramm« war in Bezug auf Deutschland zumindest zu erfahren: »Üblicherweise sind die von Firmen herausgegebenen Angaben zu Werbeausgaben drastisch geschönt. So werden beispielsweise die Kosten von Beobachtungsstudien, die ausschließlich Marketingzwecke verfolgen und keinen wissenschaftlichen

Wert haben, in der Regel dem Bereich Forschung zugeordnet und nicht dem Werbeetat.« Daraus könnte geschlussfolgert werden, dass in diesem Bereich auf gravierende Weise manipuliert wird. Auch ist kein Anhalt dafür gegeben, dass sich das Ausgabenverhältnis Forschung/Werbung in Deutschland oder Europa wesentlich von dem der USA unterscheidet.

»Memory Pharmaceuticals verfügt über eine gut gefüllte Pipeline neuer Produktkandidaten für verschiedene Therapiegebiete«, heißt es in der Internet-Selbstdarstellung der 1997 in Montvale bei New York gegründeten Firma. Sie profitiert von der Aura des Medizin-Nobelpreisträgers aus dem Jahr 2000, Eric Kandel, und hat sich als Forschungstrendsetter auf dem Gebiet der Neuropharmakologie einen Namen gemacht. »Wenn wir weiterhin solche Fortschritte machen wie bislang, gibt es in fünf bis zehn Jahren Medikamente gegen den altersbedingten Gedächtnisverlust«, sagt Kandel. Die Entwicklung spezieller Hemmer und Antagonisten zur Behandlung von Alzheimer, Depression oder Schizophrenie in »strategischer Allianz« mit Pharmagiganten wie Amgen, Roche oder Bayer zählen zu den Renommierprojekten von Memory Pharmaceuticals.

Kann es gut gehen, wenn die Manipulation unserer Hirnchemie derart forciert wird, obwohl sie bisher nicht ganz verstanden ist? Wenn sich nicht Technikfeinde, sondern immer mehr Neuro-Experten stark machen, um vor der Maßschneiderei des Hirns zu warnen, ist zumindest Vorsicht geboten. Fraglos ist das Potential der Forschung immens. Krankheiten, denen man bisher nicht beizukommen wusste, könnten der Vergangenheit angehören. Doch was wie ein plausibler Heilansatz klingt, könnte gleichzeitig einen Generalangriff auf den freien menschlichen Willen entfachen. Was, wenn wir keine Trauer und keinen Schmerz mehr empfinden, was, wenn wir jedwede Angst verlieren? Was, wenn der Job, das Studium, die Karriere aufgrund des enormen Konformitätsdrucks ohne Neuro-Tuning nicht mehr zu bewerkstelligen sind? Zerfällt die Gesellschaft dann in endlose Dauerlächler und unvollkommene Einmalige? Eric Kandel glaubt, dass die sich abzeichnenden Eingriffe ins menschliche Gehirn »die Geschichte derart tief prägen werden wie die Entwicklung der Metallverarbeitung in der Eisenzeit, die Mechanisierung während der industriellen Revolution oder die Genetik in der zweiten Hälfte des 20. Jahrhunderts«.

»Wir dimmen oder putschen uns auf, weil wir irgendwie gehemmt oder blockiert sind«, resümiert Nina K. »Wir wollen wach bleiben oder einschlafen, weil es in die eine oder andere Richtung klemmt. Hausfrauen nehmen ›mother's little helper‹, die alternden Männerriegen Viagra, Konzernchefs und Politiker brauchen Betablocker und Amphetamine, der Baustellenleiter hat sicherheitshalber sein Speed-Tütchen im Portemonnaie, und wir Jüngeren sind hoffnungslos auf Prozac und Ritalin. Man stelle sich ein politisches System wie unseres ohne all die künstliche Schmiere vor.«

An der Börse. Der Richter am New York State Supreme Court schlug die Akten mit einem Knall zu, noch bevor er sie ganz geöffnet hatte. Zu pikant war der Fall, zu hoch schlügen die Wellen, würde die Geschichte, über die er zu befinden hatte, in vollem Umfang an die Öffentlichkeit kommen. Das Ganze sei privat, erklärte er knapp, versiegelte die Papiere und verschob die Sache kurzerhand weiter an ein Schiedsgericht. Doch der Fall war zu skandalumwittert und schon zu faktenreich dokumentiert.

Es war Daniel Kahnemann, 2002 mit einem Nobelpreis für seine bahnbrechenden Arbeiten über Verhaltensmuster in der Finanzwelt ausgezeichnet, der prognostiziert hatte, dass »die Neurologie die Welle ist, die in die zukünftige Finanzwelt schwappen wird. Man wird die Entwicklung sehr genau verfolgen wollen.« Als dann Brain Knutson, Professor für Neurologie und Psychologie an der Stanford University kurze Zeit später eine verblüffende Entdeckung machte, und zwar, dass im Gehirn sowohl Geld als auch Sex jeweils dieselben neuronalen Ströme aktiv werden lassen, herrschte vor allem unter den Neurofinanzwissenschaftlern helle Aufregung. Es sei denkbar, meinte Knutson, dass Neurowissenschaftler psychoaktive Medikamente entwickelten, mit denen Händler an der Börse demnächst weitaus profitabler agieren könnten.

Es ist nicht sehr verwunderlich, dass Börsianer in Lauerstellung liegen, wenn sich die Forschung mit effektiveren Hirnströmen befasst. Stundenlang hocken sie vor den Computern und müssen ihren monotonen Handel abwickeln. Wie Krokodile liegen sie dabei auf der Lauer: Verpassen sie die paar Sekunden, in denen die Anlegerstimmung umschlägt, könnte sie das Millionen kosten. Ein Dauernervenpoker, bei dem es um ein glückliches Händchen, Risikobereitschaft, das richtige Bauchgefühl und Contenance geht. In den siebziger Jahren machte Richard Dennis mit Terminkontrakten auf Rohstoffe aus ein paar tausend Dollar ein Vermögen von 200 Millionen. In den neunziger Jahren zwang George Soros die Bank of England in die Knie, als er gegen das britische Pfund wettete und damit eine Milliarde Dollar gewann.

Und heute? Steven A. Cohen ist derzeit einer der Großen an der Wall Street. Sein Hedgefonds SAC Capital Partners verwaltet an die 14 Milliarden Dollar und bewegt zwischen drei und vier Prozent der an der New York Stock Exchange gehandelten Aktien. Als Cohen vor knapp 16 Jahren mit seinem Fonds startete, zog er mit vergleichsweise bescheidenen 25 Millionen Dollar ins Feld. Seine Rendite stieg Jahr für Jahr um 25 Prozent, so dass sich der ausgewiesene Kunstsammler heute zu den 50 reichsten Männern Amerikas zählen kann.

Finanzen sind ein schwieriges Geschäft. Und Diskretion steht in der Branche hoch im Kurs. Auch Cohens SAC Capital Partners stand in dem Ruf, auf dem Finanzparkett striktes Stillschweigen zu wahren. Umso auffälliger war, wie »Die Welt« berichtete, deshalb im Herbst 2007 die beim New York State Supreme Court eingereichte Klage eines seiner Mitarbeiter, des 37 Jahre alten Andrew Z. Tong. Diese schien so substanziell, dass sich ab dem 15. Oktober 2007 auch die EEOC – die in den USA mit Diskriminierung und gleichen Berufschancen befasste Equal Employment Opportunity Commission – der Vorwürfe annahm und ermittelte.

Der aus einer chinesischen Exilfamilie stammende Tong hatte an der Columbia University im Fach Informatik promoviert und war danach zu Lehman Brothers, einer der ältesten Investmentbanken der USA, gegangen. Dort traf er den vier Jahre älteren Ping Jiang. Karriere und Geld interessierten beide. 2005 begegneten sie sich wieder, nun bei SAC Capital. Der Ältere avancierte zum Managing Director und mit 150 Millionen Dollar Jahresverdienst zu einem der »Star-Trader« bei Cohen. Er wurde Tongs Chef und hatte in dieser Funktion offenbar auch den Handelsstil seiner Mitarbeiter zu evaluieren. Tongs Verhalten im Tagesgeschäft war ihm aufgefallen. Er befand es als zu aggressiv. Jiang hielt Tong an, sich Östrogene zu besorgen, mit deren Hilfe er weicher werden sollte. Tong kam der Order des Chefs zwar pflichtgemäß nach, doch nach längerer Einnahme der weiblichen Hormone geriet er in »emotionale und physische Not«, wie seine Klage festhält. Er begann, weibliche Kleidung zu tragen, die Beziehung zu seiner Frau zu vernachlässigen und sexuellen Kontakt mit seinem Chef zu haben. Sein Leben lief sichtlich aus dem Ruder, woraufhin ihn die Firma im Frühjahr 2006 fristlos feuerte.

Die folgende Klage des bedrängten Junior-Traders zielte somit auf sexuelle Belästigung, da sein Vorgesetzter ihn »zum

Girlie« gemacht habe. Erwartungsgemäß bestritten sowohl Ping Liang als auch SAC Capital Partners die Vorwürfe als unbewiesene Behauptungen. »Wir werden uns energisch verteidigen und sind zuversichtlich, dass die Vorwürfe im Schlichtungsverfahren abgeschmettert werden«, hieß es in einer Unternehmensverlautbarung.

Die Geschichte von Andrew Z. Tong dürfte als sehr spezieller Fall in die Wall-Street-Annalen eingehen. Zugleich ermöglicht sie einen Blick hinter die Kulissen des hochgradig nervösen Börsengeschäfts. »Quer durch die Bank nehmen die Leute Drogen – angefangen im Investmentbanking bis hin zum Handelsraum«, sagt der auf die Londoner Händlerklientel spezialisierte Psychiater Stephen Pereira. Alkoholexzesse nach Büroschluss sind der Klassiker, Kokain und Ecstasy die handelsüblichen Dauerbrenner. Doch an der Finanzfront kommen zunehmend auch die sogenannten Neuroceuticals in Mode, weiß ein Trendbeobachter.

Adderall, Inderal, Provigil und Ritalin seien derzeit das Hirndoping, das im Finanzbereich am meisten im Umlauf ist, sagt er. »Die Börse ist ein Sekundengewerbe, bei dem enorm viel auf dem Spiel steht. Es ist nur eine Frage der Zeit, bis eins der 50 großen Pharmaunternehmen oder eins der kleineren Forschungslabore ein wirkliches Cogniceutical für diese Branche entwickelt haben.« Zack Lynch geht davon aus, dass binnen zehn Jahren auch Analysen von Hirnfunktionen und Computertomographien eingesetzt werden, um bereits im Einstellungstest den talentierten vom mittelmäßigen Händler zu unterscheiden. »Historisch betrachtet, ist der Finanzsektor stets die erste Branche, die neue Technologien einsetzt. In der globalen Wirtschaft muss ein Unternehmen, das seine Effizienz mittels Gehirnscanning und Neuroceuticals steigern kann, solche Technologien einfach einsetzen. Und wenn ein Unternehmen erst einmal damit anfängt, gerät die Konkurrenz unter Druck.«

Der behandelte Körper. Im August 2007 stand James Gahan, 41 Jahre alt, in Tampa, an der Westküste Floridas, vor Gericht. Er wurde angeklagt, seinem 13-jährigen Sohn Steroide und Wachstumshormone verabreicht zu haben. Die Sache kam ans Licht, da Sohn Corey 2004 und 2005 amerikanischer Inlineskating-Champion wurde und bei einem Dopingtest aufgeflogen war. Bemerkenswerterweise ließen es die zuständigen Stellen nicht mit der positiven Probe bewenden, sondern fragten nach: zunächst bei Corey selbst, der von einer Apotheke in der Stadt, einem Lieferanten namens John Todd Miller und dem enormen Druck des Vaters berichtete. Die Megadosen an Chemie hatten das Gewicht des Jünglings binnen kurzem von 60 auf 80 Kilo hochschnellen lassen. Und überhaupt wirkte der Champion heftig aus der Bahn geworfen. Unmotivierte Aggression, Schulprobleme, Depressionen nach der Trennung der Eltern.

Als der Vater vor Gericht zur Rede gestellt wurde, wollte er von nichts gewusst haben: von keinen Hormonen für den Sohn und auch von keinem Druck. Er zeigte sich nur schwer entsetzt, und zwar wegen des Dopingvergehens seines Sohnes. Das Gericht bewertete den Fall eindeutig und verurteilte James Gahan zu sechs Jahren Gefängnis, davon vier Jahre auf Bewährung, und zu 500 Stunden gemeinnütziger Arbeit. 100 Stunden davon gingen an die Gemeinde Tampa, wo er öffentlich über den Missbrauch am eigenen Sohn berichten sollte.

Die Gahan-Geschichte erregte die US-amerikanischen Elterngemüter nachhaltig. Erstmals wurde der Hormonmissbrauch eines überehrgeizigen Vaters gegenüber dem eigenen Kind gerichtlich belangt. Das Besondere an der öffentlichen Debatte war jedoch, dass erst gar nicht versucht wurde, die Geschichte aus Florida als Sonderfall zu behandeln. So einhellig das Tun von Vater Gahan missbilligt wurde, so einstimmig war man überzeugt davon, dass die ganze Angelegenheit einen hormongesteuerten amerikanischen Alltag widerspiegle. Ähnliches wurde im Sommer 2007 aus England berichtet. Britische Zeitungen meldeten, dass immer mehr 13-Jährige auf den Schulhöfen der Insel Steroide und Wachstumshormone zu sich nähmen. Dabei gehe es um Muskeln, um ein männlicheres Aussehen, in erster Linie darum, den Mädchen zu imponieren.

Geschichten, die von Körpern unter Druck erzählen. Man findet sie allerorten. Sie beginnen im Kindesalter mit Steroiden, die körperliches und geistiges Wachstum beschleunigen sollen, es real aber stoppen. Mit Hirndoping, das in den Hörsälen Leistung optimiert, aber immer größere psychische Löcher produziert. Mit Boostern, Amphetaminen und Koks, die die Gesellschaft etwas wacher durch den Alltag kommen lassen. Und nicht zuletzt mit Unmengen an Chemie für die sportliche Performance.

»Als ich gefahren bin, habe ich bis zu acht Pillen Prozac genommen. Weil das Prozac dir den Hunger nimmt, dich in eine andere Welt befördert, eine Welt, in der du keine Angst mehr hast vor dem, was du da tust, in der du keine Fragen mehr stellst. Und dann gibt es Phasen, wo du dich nicht mehr dopen darfst. Wenn du dich aber monatelang in der Haut eines Übermenschen gefühlt hast und man dir plötzlich die Krallen abschneidet, ist man auf unglaubliche Weise deprimiert«, berichtet der spanische Radprofi Jesús Manzano in einem seiner Geständnisse aus dem Frühsommer 2007.

Er erzählt seine Dopingkarriere zunächst als eine Art Anverwandlungsstory hin zum Übermenschen: Je mehr er sich formt, je mehr er funktioniert, desto mehr wird er zum »Homo optimus«. Im ersten Teil seiner Geschichte lebt er in einer Welt ohne Angst und ohne Fragen. Nach dem Ende der Prozac-Gaben ist es, als handle die Erzählung von einer komplett anderen Figur, reißt die Chemie Manzano in die eigene Leere. Von da an geht es um Selbstverlust und so um den

Preis einer jeden Dopingkarriere. Um die Fallhöhe also einer Welt der Illusionen. Kaum etwas, was sich öffentlich als so ereignisoffen feiert, ist derart ergebnissicher, manipuliert und designt wie der Elitesport. Man schaltet den Fernseher an, sieht sich Oberschenkel, Bäuche, Gebisse, Ohren, Hände, Augen an und weiß, wer gewinnt. »Unsere Profis wissen, worum es geht«, kontern Millionen von Fans. Sie sagen das, weil in ihren Köpfen Doping längst angekommen und legalisiert ist.

Die verschiedenen Dopingären – von Arsen zu Steroiden über Blutdoping bis hin zum gegenwärtigen Gentuning – haben einander spätestens seit den siebziger Jahren auf rasante Weise abgelöst. Parallel hat sich das Sportsystem weiter kommerzialisiert. Eine Situation ist entstanden, in der mit Körpern russisches Roulette gespielt wird. Der Glaube, schrankenlos über sie verfügen zu können, wird in diesem ungedeckten Wechsel zu einer Form der Selbstenteignung. Eine Art Unsterblichkeitsrennen hat begonnen, wir sind Teil einer Borderline-Kultur, die versucht, ihr fortgeschrittenes Burn-out-Syndrom zu kompensieren.

Wie auch immer man diese Entgrenzung benennen möchte – der Körper hat nichts zu lachen, wenn er nicht unentwegt bewegt werden kann. Immerzu soll er für irgendwas herhalten, immerzu muss er verfügbar, formbar, flexibel sein. Er wird nicht gemocht, wenn er mal tapsig, faul, dick, müde, gefräßig oder gar krank sein will. In Forschung, Wirtschaft, Politik, Technik, auf den Finanzmärkten, in den Medien, im Sport – überall scheint momentan dasselbe Spiel zu laufen. Weder gibt es Fragen noch Widerspruch. Leistung heißt Bewegung, und nur Bewegung ist schön. Doch darf die rundweg versportlichte Gesellschaft ihre Körper nicht umgestalten, bis sie ihr gefallen? Kann es kein gutes Doping geben? Der Mensch ist auf dem Weg zum Neuen Menschen – wann hört der Homo sapiens auf, wo beginnt der Cyborg?

Es hat Zeiten gegeben, in denen die anthropologische Innovationstaktung gemächlicher lief und die Gesellschaft noch große Stücke auf normative Ruhezeiten hielt. Doch seit Beginn des neuen Jahrtausends wird das Verhältnis von Verheißung und Verlust noch einmal neu abgesteckt. Eine Gesellschaft will befriedet sein, die Pharmaindustrie gut verdienen und der Einzelne das Gefühl haben, dass er dem ganzen Druck doch noch etwas entgegensetzen kann. In diesem komplexen Unterfangen ist der eigene Körper eines der profitabelsten Investments und Doping ein unverzichtbarer Tuner. Die lange Zeit sorgsam getrennt gehaltenen Bereiche Gesellschaft und Sport verschwimmen. Doping wird zum Passwort fürs Spiel ums unendliche Weitermachen.

Doch die Grenzen des Körpers werden immer von innen erfahren. Im Zentrum des ganzen Enhancements hockt letztendlich nichts anderes als das, was wir klassischerweise narzisstische Entfremdung nennen. Ihr Unwesen treibt Klaus W. in seinem Fitnessstudio nicht anders an als Nina K. mit ihrem Ritalin, Pamela Anderson mit ihrem mal großen, mal kleinen Busen nicht anders als Sylvester Stallone mit seinem unlängst aufgefundenen Riesensortiment an Wachstumshormonen im Koffer. Ist der Körper noch die letzte Ordnungsinstanz und der maßgebliche Erfahrungsraum des Selbst? Oder nur noch Medium und Instrument der Selbstvervollkommnung?

Der französische Philosoph Jean Baudrillard schrieb über die Körperschlacht: »Die Faszination ist gebunden an das Verlangen nach Unsterblichkeit, das die ganze Entwicklung der Technik impliziert, während die Verführung den Tod impliziert.« Verlangen und Verführung, Unsterblichkeit und Tod. So neu ist das Ganze nicht. Hatte Ernst Jünger in den zwanziger Jahren des vergangenen Jahrhunderts in seinem »Arbeiter« noch die »organische Konstruktion« beschrieben und damit bestimmte Disziplinierungsmaßnahmen der Moderne zu fassen versucht, bedeutet das Phänomen der gegenwärtigen Körpertransformation den harschen Bruch damit, was wir einmal Kultur genannt haben. Sorge um Gesundheit, das Recht auf die Unversehrtheit des eigenen Körpers, Ethik, Würde? Was bedeutet uns das alles? Was bleibt von unseren Körpern, was bleibt von uns, wenn alles repariert worden ist, was wir an uns selbst für unzulänglich befunden haben? Wie wird es sich zukünftig leben unter Hybriden und Klonen? Haben wir für die anstehende Transzendenz der neuen Körper überhaupt schon die richtigen Fragen gefunden?

2. Vom Verlust der inneren Zeit – die historische Doppelhypothek des deutschen Sports

Wer weiß denn schon, wie die Frauen nach dem Leistungssport gelebt haben? Manche jubeln ja schon eine Akne zur Schädigung hoch.

MANFRED HÖPPNER, ARZT, 2000

Die Schwimmerin und ihr Sohn. Er sitzt immer in der Kurve und starrt auf das Tor, jeden Samstag, egal bei welchem Wetter. Um den Hals den grün-weißen Schal des FC Sachsen Leipzig. Nils P., 22 Jahre alt, ist Fußballfan, sein zweites Zuhause das Stadion. Freitagabend setzt er sich in Ulm, wo er arbeitet, in die Bahn und fährt in seine Heimatstadt. Er will vor der Meute da sein, er braucht keinen Rummel. Nils P. ist einer, der das Match vorher im Kopf durchspielt. Der Weg vom Bahnhof zur Mutter wird ihm jedes Mal zu einer Art Teststrecke für das anstehende Spiel: sechs Straßenzüge, sechs Ecken – in Gedanken 15 Spielminuten pro Abschnitt. Es müsste reichen für ein 2:1 morgen.

Andrea P. erkennt den Gang ihres Sohnes immer schon von weitem. Er ist anders als früher. In den ersten Jahren hörte er sich an, als schleife jemand ein Bügeleisen hinter sich her und schlage es nach jedem Schritt hart auf den Boden. Dann klang er eher nach einer Art Stelzenmechanik. Heute ist Nils' Gang ein rhythmisches Tack-Tack. Wenn Andrea P. das monotone Geräusch hört, ist die Geschichte der beiden unwillkürlich da.

Sie begann in einer ostdeutschen Kleinstadt der siebziger Jahre und mit einem Mädchen, für das Schwimmen die Welt war. Als Achtjährige suchten ihr die Eltern einen Verein. Die Rückenstrecken hatten es der Tochter besonders angetan. Man schickte sie zu Wettkämpfen, Kreis- und Bezirksmeisterschaften. Und sie gewann. Als Andrea P. neun Jahre alt war, meldete sich zu Hause Besuch an. Zwei Männer vom Magdeburger Sportclub kamen, saßen am Wohnzimmertisch und schwärmten von ihrem Talent. Am Ende ging es ums ganz Große: Olympische Spiele, wenn alles gut laufen würde, auch Weltrekord.

Im Herbst 1976 – Andrea P. war zehn Jahre alt – begann für sie das neue Leben in Magdeburg. Sie kam in die fünfte Klasse und lebte fortan im Internat. »Der Tagesablauf war streng organisiert. Wir mussten um fünf Uhr aufstehen. Nach dem Frühstück hatten wir Training, nach dem Training Schule, dann wieder Training, Schule, Training.« Zur ungewohnten Herausforderung kam noch etwas: Schon in den ersten Wochen wurden ihr und den anderen Mädchen der Trainingsgruppe palettenweise Tabletten verabreicht. »Die Trainer sagten uns, dass das Vitamintabletten seien. Es waren verschiedene Tabletten. Sie waren verschieden groß und verschieden farbig. Wir bekamen sie lose auf die Hand, ständig.«

Das Geheimnis der Tabletten. Es ist hinlänglich geklärt. Nirgends auf der Welt war so skrupellos, umfangreich und effizient ein konspiratives Steroidsystem aufgebaut worden wie in der DDR. Es lief unter dem Namen »Staatsplan 14.25«, seit 1974, und bedeutete nichts anderes als flächendeckendes Zwangsdoping von zehn- bis zwölftausend Athleten, dazu systematische Sichtungsprogramme für alle olympischen Sportarten, exorbitante Trainingsumfänge – ermöglicht durch aggressive Steroidvergaben, geheime Forschung, illegale medizinische Versuchsreihen, auch mit Minderjährigen, auf kriminelle Weise zustande gekommene Habilitationen und ab Mitte der achtziger Jahre die zunehmende Verflechtung mit dem freien westlichen Markt, um die Ware »ostdeutscher Athlet« noch gewinnträchtiger auswirtschaften zu können.

Es war die pure Politgier, eine Art ideologischer Größenwahn, denn die DDR war seit Anfang der siebziger Jahre bereits weltweit anerkannt. Narzisstischer Missbrauch in deutschester Manier. Die unter Drogen versetzten Athleten mochten ahnen, doch sie durften nicht wissen. Einen »Informed Consent«, die informierte und freiwillige Zustimmung, hat es nie gegeben, so wenig wie konkrete Aufklärung über Nach- und Nebenwirkungen der Substanzen. Stattdessen gab es jede Menge Legendenbildung oder systematisch entzogenes Wissen.

Bei Andrea P. war es der Vater, den die körperlichen Veränderungen der Tochter stutzig machten. Er suchte ihren Trainer auf, befragte ihn und wurde genauso belogen wie zuvor die Tochter. Es handele sich um Vitamine, war die Antwort. Als auf einer Elternversammlung der Vater einer anderen Schwimmerin fragte, warum sein Kind derart viele Tabletten, nämlich 42 pro Tag, einnehmen müsse, wurde die Nachfrage mit den beiden Sätzen beantwortet: »Das kann nicht sein. So viel bekommt ihre Tochter nicht.« Andrea P.'s Vater erstaunte die Antwort, doch er veranlasste nichts. »Ich vertraute den Trainern und Ärzten.«

Die Tochter mauserte sich binnen zweier Jahre zur Weltklasseschwimmerin. Kaum einen Wettkampf, den sie verloren gab. Die Trainer waren begeistert. Doch so schnell Andrea P. wurde, so massig wurde sie auch. Von Herbst 1977 bis Frühjahr 1978 nahm sie über zwölf Kilo zu. »Ich hatte großen Muskelzuwachs und wurde sehr breit. Meine Stimme veränderte sich. Ich sprach tiefer. Das war bei vielen so.« Das Training lief auf Hochtouren – fünf Einheiten pro Tag, 18, 20

Kilometer. Ein Leben im Wasser: jeden Tag bis zur Schmerzgrenze, die Schreie der Trainer am Beckenrand, Chlorgeruch, nasse Badeanzüge, Wettkämpfe. Die Spritzen, die die mittlerweile 13-Jährige von der Ärztin vor Wettkämpfen erhielt, sollten den »Vitaminhaushalt aufbauen helfen«.

Äußerlich war Andrea P. auf der Erfolgsspur und kaum noch zu schlagen – 1979 sah man sie unentwegt siegen, die Olympischen Spiele rückten näher. Doch innerlich schien sich etwas zu verhaken. Die muskulösen Schultern, der Nacken, die Oberarme? Ihr Körper, den sie immer schneller durchs Wasser brachte, war für sie mit jedem Kilo unwirklicher geworden. Als ob die einzelnen Teile beschlossen hätten, von nun an getrennte Wege zu gehen. Sie schwamm, doch sie hatte kein Gefühl mehr dafür. »Den Rücken höher! Die Arme enger!« Die Trainer schrien Andrea P. im Olympiajahr 1980 durchs Wasser. Sie kämpfte, sie quälte sich, sie wollte in Moskau um jeden Preis dabei sein.

Während des letzten Vorbereitungslagers bedeuteten ihr die Trainer am Beckenrand, sie habe die Olympianorm verpasst. Es gab Bessere. Aus der Traum. Das ganz Große fand ohne sie statt. »Es wurde mir einfach gesagt, dass ich nicht mehr zu trainieren brauchte. Ich war 15 Jahre alt. Von Abtraining keine Spur.« Plötzlich gehörte das einstige Hoffnungsmädchen nicht mehr dazu. Ein Ende, abrupt und gnadenlos, das für Andrea P. zunächst bedeutete: den Schock zu verdauen, fast ohne Übergangzeit den Zehnklassenabschluss auf einer normalen Schule zu machen, ein eigenes Leben anzufangen, vor allem aber mit dem eigenen Körper klarzukommen. Denn der war kaputt: Nierenversagen, Bandscheibenvorfälle, Unterleibsprobleme. Noch heute seien es Jahre, zu denen sie keinen Zugang habe. »Ja, sicher, die Schule habe ich abgeschlossen, irgendwie, und danach eine Lehre gemacht, als Maschinenbauerin.« – »Warum?« – »Es war das Einzige, was möglich war.« – »Und dann?« – »Habe ich geheiratet. 1985 ist Nils gekommen.« Der Sohn wurde mit einem schweren Klumpfuß am linken Bein geboren. Jede Woche fuhr Andrea P. mit ihm zur Begutachtung ins Krankenhaus. Beide Beine kamen über Monate in Gips. Nach einem halben Jahr wurde das linke erstmals operiert. Drei weitere Operationen folgten. Sie brachten kaum Besserung.

Seit seiner Geburt versuchte die Mutter, die Ursachen für Nils' Schädigung herauszufinden. »Niemand fand sich in diesen Jahren bereit, mit mir darüber zu sprechen. Eine Verbindung zum Sport wurde kategorisch ausgeschlossen.« Erst als sich in den Medien nach 1989 die Berichte über Kinder von Radfahrern oder Leichtathletinnen häuften, die ebenfalls Klumpfüße hatten, wurde sie wieder aktiv. Im August 1997 machte sie vor der ZERV, der Zentralen Ermittlungsgruppe für Regierungs- und Vereinigungskriminalität, die in der Zeit zum DDR-Doping ermittelte, ihre Aussage und ließ sich für den Berliner Dopingprozess gegen die beiden Drahtzieher des ostdeutschen Zwangsdopings – den ehemaligen DDR-Sportchef Manfred Ewald und den Mediziner Manfred Höppner – als Nebenklägerin aufstellen. Sie wollte die Männer im Gerichtssaal sehen, die sich das ausgedacht hatten.

»Die Vergabe von anabolen Steroiden an Hochleistungssportler hat prophylaktisch Erhalt und Wiederherstellung der körperlichen Gesundheit gedient.« Oder: »In meiner Amtszeit habe ich immer nur biologisch reife Frauen in ihrem Erziehungs- und Ausbildungsprozess gesehen.« Oder: »Mein Motto war immer: Gesundheit geht vor Goldmedaillen.« Das waren Sätze des Drogenmeisters Manfred Höppner am 2. Mai 2000, dem ersten Verhandlungstag im Moabiter Gerichtssaal. Die »biologisch reifen Frauen«, die der Doping-Cheforganisator während seiner kriminellen Manöver gesehen haben wollte, staunten nicht schlecht. Sie alle hatten lange bedachte Gründe, als Nebenklägerinnen im bisher größten Dopingprozess des Landes aufzutreten: behinderte Kinder, Krebserkrankungen, Fettstoffwechselstörungen, Suchtattacken, Depressionen, Störungen der weiblichen Geschlechtsorgane und damit der Fruchtbarkeit, irreversible Veränderungen der Blutfettwerte und der Thymusdrüsen, Ödembildungen, unterschiedlichste Organschädigungen. Der medizinische Gutachter des Prozesses betonte bei seiner Einschätzung: »Die Vergabe männlicher Steroide kann einen krankhaften Prozess im weiblichen Körper, mit verschiedensten Wirkungen an verschiedensten Zielorten, verursachen.«

Als Andrea P. für ihre Aussage in den Zeugenstand gerufen wurde, erklärte sie dem Richter: »Eine Hormonanalyse ergab eine extrem hohe Anzahl von Androgenen in meinem Körper. Das genetische Gutachten stellte klar, dass es keine familiäre Vorbelastung für die körperliche Schädigung meines Sohnes Nils gibt. Die Eierstöcke sind, wie die Ärzte sagen, extrem vernarbt, der Zyklus gestört. Mein hormoneller Regelkreislauf ist noch heute komplett durcheinander.« Sie sprach lange, sie kämpfte für ihren Sohn.

Auf ihre Schilderungen hin fragte sie Höppners Anwalt, ob sie sich Anfang der achtziger Jahre in der Westpresse nicht über Doping hätte informieren können. Schließlich wusste man ja zu der Zeit schon einiges. Andrea P. hatte mit einigem gerechnet, doch nicht damit. Ohne sichtbare Reaktion sackte sie in sich zusammen. Eine andere Nebenklägerin parierte die Attacke: Es sei eher unüblich gewesen, dass eine Elfjährige Ende der siebziger Jahre im Osten die FAZ gelesen hätte. Dann fuhr sie fort: »Wenn die Zeugenaussagen allein dazu dienen, die Angeklagten vom Vorwurf der direkten Täterschaft zu entlasten, ist das nichts anderes als ein neuerlicher Missbrauch an den Geschädigten.« Die Replik fand offene Zustimmung. Im Saal kam es zu Tumulten, der Richter drohte mit Räumung.

In der Verhandlungspause trat ein schmaler, 13-jähriger Junge durch die schwere Gerichtstür. In der Mitte des Saales traf sein Blick auf eine Gruppe großer Frauen, darunter seine Mutter. Trotz der Entfernung konnte er ihre Erregung spüren. Bis zu dem Tag hatte sich Nils P. nicht für den Prozess interessiert, nicht für die Geschichte der Mutter, nicht für seine eigene. Die Operationen, die Zeit mit den Krücken, die endlosen Behandlungen, die Mühsal mit den Schuhen: immer zu hart, immer zu klein, immer irgendwie schmerzend – das war ihm genug. Wenn er keine Lust auf die öden orthopädischen Übungen hatte, versteckte er sich hinter der Schulhofmauer, nur ein paar Meter von zu Hause entfernt, und schaute den Jungs beim Kicken zu. Für ihn gab es nur eins: losrennen, sich den Ball holen und ihn ins Tor brettern.

Das monotone Tack-Tack. Andrea P. hörte es im Moabiter Gerichtssaal hinter sich wie das Ticken der eigenen Schuld. »Einfach mit den Freunden toben. Das hat es für ihn nie gegeben.« Dass der Sohn die Attacke des Höppner-Anwalts nicht mitbekommen hatte, erleichterte sie. »Das hätte alles nur noch schwieriger gemacht.« Den anderen Frauen erzählte sie von Nils' Schweigen, seiner Abwehr, seinen Vorhaltungen, seinem Zorn. »Wir haben es schwer miteinander.« Sie musste nicht viel erklären.

Transfer eines Traumas. Die Geschichte von Andrea und Nils P. hat mehrere Aspekte: ein Mädchen mit Talent, winzige, doch verheerend wirkende blaue Tabletten, das spezielle Interessensfeld politischer Macht, das am Opfer vorbeigeführte Wissen, ausgeklügelte Sprachtabus und geheime Praktiken. Die Geschichte von Andrea P. ist die einer Enteignung. Ihre Besonderheit gründet im Ungewussten der erfahrenen Gewalt.

Als mit der Wende 1989 endlich die Möglichkeit einer Klärung kam, stießen die Aufarbeitungsversuche auf eine komplexe Kultur der Abwehr. Zum einen in Ostdeutschland, wo man sich generell schwertat, ein kritisches Verhältnis zu den Deformationen des DDR-Sports zu finden. Ostdeutscher Sport – das hieß Glanz und Identität. Beides hatte man zu Zeiten des Zusammenbruchs bitter nötig und hätte schon aus diesem Grund liebend gern daran festgehalten. Die ehemaligen SED-Blätter sparten eine Berichterstattung über die in Berlin stattfindenden Dopingprozesse der Einfachheit halber fast komplett aus. Dabei hätten sie mit ihren weiterhin ansehnlichen Auflagen nicht unwesentlich zur Aufklärung des DDR-Sportsystems beitragen können. Im Sport selbst wollte man »Deutschland Ehre gebracht haben« und schuf sich sein eigenes Maß. Nicht nur Ewald und Höppner, nicht nur Funktionäre, Trainer, Ärzte, sondern auch die ostdeutschen Altstars. Erfahrung als Absperrung, die einen sozialen Ort hat: Wer sich noch immer mit der Macht identifizierte, konnte sich die Erinnerungsblockaden leisten. Wie wichtig wären in diesem Klärungsprozess der Beistand, ja die Solidarität von ostdeutschen Superstars wie Heike Drechsler, Marita Koch, Jürgen Schult oder der renommierten Medienexpertin Kristin Otto für die seelisch wie körperlich schwer geschädigten Athleten gewesen. Psychologisch unschwer nachvollziehbar, weigert sich die ostdeutsche Siegercrew bis heute anzuerkennen, dass auch sie Betrogene des DDR-Zwangssystems waren. Was zunächst nur ein Einfühlungsversäumnis gegenüber sich selbst zu sein schien, erschwerte die Situation derer maßgeblich, die auf konkrete Hilfe angewiesen waren.

Für Andrea P. war die sichtbare Schädigung des Sohnes Chance und Belastung zugleich. Sie brauchte unbedingt Klarheit. Das ließ eine Verleugnung des Geschehenen nicht zu. Dieser innere Weg bedeutete aber zugleich, sich immer wieder der eigenen Schmerzensgeschichte zu stellen. Jahre, die ihr Trauma erneuerten und in denen sich das Schuldgefühl gegenüber dem Sohn verstärkte. Es war paradox: eine

Frau, die ihre Geschichte öffentlich verhandelte und gleichwohl dadurch den Druck auf den Sohn nur erhöhte – Transfer eines Traumas, dessen Schwere durch gesellschaftliche Ignoranz und Tabuisierung einmal mehr potenziert wurde. Es gab keine übergeordneten, bedeutungsgebenden Erzählungen, in denen die Betroffenen ihre Geschichten hätten verorten können. Sie blieben allein, mit ihren malträtierten Körpern.

Athletinnen und ihre Ärzte. Der Berliner Dopingprozess im Jahr 2000, der die beiden Angeklagten Ewald und Höppner mit Bewährungsstrafen ziehen ließ, hatte letztlich vor allem politische Relevanz. Das unter Staatshoheit initiierte Dopen von unaufgeklärten Athleten wurde vom Bundesgerichtshof als »mittelschwere Kriminalität« anerkannt. Noch Ende Mai 2001 beschloss der Bundestag die Einrichtung eines Dopingopferhilfsfonds, der von August 2002 bis März 2003 mehr als 300 Anträge von Dopinggeschädigten der DDR beim Bundesverwaltungsamt bearbeitete, von denen schließlich knapp 200 eine Entschädigung erhielten.

Dass diese Unterstützung tatsächlich notwendig war und es auch weiterhin ist, belegt beispielhaft der Brief einer ehemaligen Ruderin des SC Dynamo Berlin: »Mit 16 Jahren wurde ich in den Olympia-Kaderkreis für 1984 aufgenommen. Ich bekam Eiweißzusatzstoffe und sogenannte Vitamintabletten. Diese Präparate muss ich nehmen, hieß es. Bei den hohen Trainingsanforderungen reiche die normale Ernährung nicht aus. Zu Wettkämpfen im Westen durfte ich nie starten, obwohl ich mich sicher qualifizierte. Ich war in jeder Bootsklasse, ob Zweier, Vierer oder Achter immer die Schlagfrau und somit das ›Zugpferd‹. Erst viele Jahre später erfuhr ich aus meiner Stasi-Akte, dass ich politisch nicht tragbar war. Nach langem Kampf, endlich mit dem Sport aufhören zu dürfen, beendete ich 1982 meine sportliche Laufbahn. 1983 hatte ich eine Herzmuskelentzündung und seitdem immer wieder Entzündungen im Körper (Blase, Nieren, Magenschleimhaut), Herzrhythmusstörungen sowie Kälteallergien aufgrund unerklärlicher hormoneller Umstellungen. Am schlimmsten aber sind die extremen Rückenschmerzen und die Schmerzen im Hals- und Lendenbereich aufgrund einer schwer degenerativ veränderten Wirbelsäule. Alle drei Monate muss mein Rücken mittels Kristallen anästhesiert werden. Seit Februar 2001 bin ich nach fast einem Jahr Krankheit und neun Wochen Klinikaufenthalt berufsunfähig geworden. Da ich heute erst 42 Jahre alt bin, habe ich keinen Anspruch auf Rente.«

Obwohl die Systemlogik des Ostens aufgedeckt und umfänglich belegt worden war, deren realsozialistische Hypothek mit einem Mal sehr nüchtern ausfiel, sahen ungeachtet der Fakten und des Schadensvolumens des DDR-Sports weder Nationales Olympisches Komitee noch Deutscher Sportbund und auch keiner der vielen Sportverbände irgendwann irgendwelchen Satisfaktionsbedarf. Der Sport spielte auf amnestisch und meinte sich im geschichtsfreien Raum. Weder vollzog er einen Bruch, noch gab es eine ernstzunehmende Idee, wie mit dem einzigartigen DDR-Sporterbe umzugehen sei. Was der Bundesgerichtshof den ostdeutschen Systemträgern an Vielfachkriminalität bescheinigt hatte, scherte den vereinigten Sport mithin herzlich wenig. Stattdessen übernahm er gerichtsfest beschuldete Trainer und Funktionäre, stattete sie mit hohen Gehältern und Karrieren aus und zementierte darin nichts anderes als die eigene Dopingsozialisation. Es war einfacher, die ostdeutschen Hochdoper weiter herumwerkeln zu lassen, als sich am Ende noch mit der Dopingpraxis der alten Bundesrepublik auseinandersetzen zu müssen.

Auch außerhalb des organisierten Sports wurde es den Tätern – allen voran den Forschern und Medizinern aus den kriminell tätigen DDR-Hormonlaboren – nicht sonderlich schwer gemacht, sich nach 1989 kommod einzurichten. Als 1998 die Geschichte des Nasensprays Androstendion durch die Medien ging, konnte man eine Ahnung davon bekommen, auf welche Weise sich das ostdeutsche System weltweit etabliert hatte. Denn die Wunderdroge Androstendion hatte zu der Zeit den US-Markt und Kanada erobert und war sowohl im Sport wie im Fitnessbereich zum absoluten Renner geworden.

Was die Entwicklungsgenese des Sprays angeht, ist sein Ursprung in der höchst intimen Forschungsbeziehung zwischen Jenapharm – dem Fabrikanten des im DDR-Sport vorrangig eingesetzten Anabolikums Oral Turinabol und weiterer, ohne klinische Prüfung produzierter Steroidsubstanzen – und dem Leipziger Forschungsinstitut für Körperkultur und Sport, einer Einrichtung mit mehr als 500 Wissenschaftlern, die ausschließlich Spitzensportforschung betrieb, zu suchen. Das FKS – ein spezieller Ort, ohne Schild am Gebäude, in keinem Telefonbuch verzeichnet, dessen Existenz bis zum Ende der DDR geleugnet wurde. Zu internationalen Kongressen reisten die Forscher des streng geheimen Instituts verdeckt – unter dem Label der Leipziger DHfK, der Deutschen Hochschule für Körperkultur und Sport.

1981 kam der damalige Forschungsdirektor von Jenapharm Michael Oettel – seit 1979 auch als IM »Wolfgang Martinsohn« fleißiger Berichterstatter für den Geheimdienst – auf die Idee, statt des nebenwirkungsreichen Oral Turinabol per Nasenspray Testosteron zu applizieren. Vorteil der Methode: Bei Nasenspray-Applikation würde sich das Hormon nicht im gesamten Körper verteilen, sondern konzentrierte sich auf das zentrale Nervensystem. Auf diesem Weg nähme es der Körper schneller auf und es wäre zugleich schwerer nachweisbar. Die »praktische Realisierbarkeit« dauerte immerhin sieben Jahre. Dann wurde das Spray an Schwimmern ausgetestet. Die Reaktionen waren umwerfend: viele Muskeln, wacher Geist, bestes Befinden. Die Hormonforscher-Union zwischen FKS und Jenapharm war begeistert und sich einig, das Dopingmittel der Zukunft gelandet zu haben. Zumindest gibt ein detaillierter Bericht vom September 1988 an das Zentralkomitee der SED Auskunft.

Als die Mauer fiel, wurde der umtriebige Professor Michael Oettel rasch Forschungsdirektor von Jenapharm, ab 1995 Tochterfirma von Schering, heute dem Bayer-Konzern zugehörig. In Veranstaltungen konnte man ihn schwadronieren hören über die spezielle Verantwortung der Forschung in einem so speziellen Land wie der DDR. Alle Arbeiten unter seiner Hoheit seien »im Rahmen eines staatlich sanktionierten Staatsplanvorhabens« erfolgt. Auf Rückfrage gab er an, »irgendwo eine gewisse Verantwortung zu spüren«, und wollte gar dem DOH, dem Dopingopferhilfsverein in Weinheim, seine Unterstützung anbieten. Oettels Einsicht schaffte es allerdings nicht bis in die Realität. Der Verein hörte nie von ihm. Das Jenapharm-Archiv, das Aufschluss über Testreihen und so auch konkrete Menschenversuche hätte geben können, blieb verschlossen – bis auf weiteres. Der Konzern sagte, es gebe gar keins. Historiker, von Bayer beauftragt, die Firmengeschichte zu klären, hatten zumindest herausgefunden, dass »Splitterbestände einstiger Dokumente verfügbar« seien. Und welchen Aussagewert haben diese?

Oettels hormonsteuernde Nasenspray-Idee aus dem Jahr 1981 hatte jedenfalls mehr Aussicht auf Realität. Rüdiger Häcker, letzter Ärztlicher Direktor des illegalen FKS, heute tätig bei der Schweizer Biotech-Firma RCC, brauchte vier Jahre, um den marktwirtschaftlichen Nutzen des Kraftmachers Androstendion auszumachen. Am 6. Mai 1992 reichte er beim Deutschen und Europäischen Patentamt einen Antrag ein, der »ein Arzneimittel zur Erhöhung des Testosteronspiegels« mittels Nasenspray zum Gegenstand hatte. Die beiden »Erfinder«, Rüdiger Häcker und seine Partnerin Claudia Mattern, verhehlten die Herkunft ihres zu patentierenden Produkts nicht. Bis in die Formulierungen hinein glich ihr Antragstext dem Geheimbericht von 1988 an die DDR-Oberen. Im Mai 1995 wurde das deutsche Patent erteilt. Im November 1996 zogen die US-Behörden nach. Später ging es an die irische Firma Arrodean.

Zur geschäftigen Forschercrew des Tiermediziners Oettel zählte auch der einzige Humanmediziner von Jenapharm und Leiter der Klinischen Forschungsabteilung Dr. Rainer Hartwich. 1987 teilte er als IM »Klinner« im Zusammenhang mit der firmeninternen, höchst konspirativen Dopingforschung gegenüber der Staatssicherheit mit: »Für mehrere Substanzen und Arzneifertigwaren, die vom VEB Jenapharm an den Auftraggeber geliefert wurden und die dort zur Anwendung am Menschen gelangten, wurden nicht die grundlegendsten pharmazeutischen, pharmakologischen und toxikologischen Grundregeln eingehalten.« Bevor zweckdienlich der Geheimdienst alamiert wurde, hatte Hartwich sich den Rücken freihalten können und war von Jena aus nach Erfurt gefahren, um selbst ein bisschen Hand anzulegen. In einem Stasi-Dokument heißt es, dass »Hartwich gegenwärtig umfangreiche klinische Untersuchungen an neuentwickelten Anabolika in der Akademie/Klinik Erfurt selbst testet. Die Untersuchungsergebnisse übermittelt er an das FKS in Leipzig. Er schätzt ein, dass die neuen Präparate für den Leistungssport von großer Bedeutung sind und entsprechend zu schützen sind.«

Der Mediziner überstand das sich ab Mitte der achtziger Jahre entgrenzende ostdeutsche Dopingsystem nicht ganz so mühelos wie sein Chef Oettel. Bereits 1987 war er von Jenapharm an die Klinik Weißenburg gewechselt. Als dort nach 1989 die Evaluation durch die Gauck-Behörde stattfand, stieß man dort auf seine Spitzeldienste. Er ließ sich an einer

Thüringer Kurklinik anstellen, wo er für einige Jahre als Chefarzt arbeitete. Im Juli 2003 gab er dem MDR ein Interview und wusste bis dahin Ungehörtes über »die direkte Mitverantwortung von Jenapharm in Bezug auf die illegale DDR-Dopingforschung« zu berichten. Hartwich sagte sogar, dass er daraus eine direkte persönliche Haltung ableite und die Opfer unterstützen wolle. Doch auch diese Sätze hatten nicht sonderlich viel Glück mit der Realität. Der Dopingopferhilfsverein hörte nie von ihm. Eins der Dopingopfer ließ sich von ihm im Zusammenhang mit dem Entschädigungsfonds ein medizinisches Gutachten erstellen. Herr Hartwich stellte es ihm selbstredend in Rechnung.

Vermutlich waren Rainer Hartwichs Energien zu dem Zeitpunkt auch schon wieder auf ein anderes Projekt gerichtet. Am 20. Januar 2004 eröffnete er als Chefarzt im thüringischen Bad Liebenstein das erste Repotenz-Zentrum. Das ehrgeizige Ziel seines Unternehmens: das Leiden des starken Geschlechts und damit Deutschlands erektile Dysfunktion zu therapieren. In der Pressemitteilung der Klinik heißt es: »Der Betroffene sollte die Störung schnellstmöglich behandeln lassen, da sie in der Regel umso stärker wird, je länger er schweigt bzw. wartet.« Der »Potenzpapst Deutschlands«, wie Hartwich in den Medien fortan genannt wurde, reüssierte in der ARD, bei 3sat, im »Spiegel«, bei GMX und immer ganz in eigener Sache.

Das Survival-Programm. Als 1991 das von Brigitte Berendonk und Werner Franke gemeinsam geschriebene Buch »Doping-Dokumente. Von der Forschung zum Betrug« herauskam und die DDR-Dopingpraktiken erstmals ausführlich belegt waren, wäre das die Steilvorlage für einen anderen, sauberen Sport gewesen. Aus heutiger Sicht wohl der letzte Moment, um die herrschende Giftkontamination aufzuhalten. Bekanntermaßen wurde er verpasst. Erstaunlich die Radikalität, mit der der Steroidsport Ende der achtziger Jahre durch die weltweite Blutdopingära ergänzt wurde. Kalkül auch, mit welcher Hartleibigkeit das vereinte deutsche Sportprogramm den Kollateralschaden DDR-Sport zu integrieren wusste.

Noch in der allgemeinen Vereinigungseuphorie sagte Kaiser Franz ein allseits siegendes gesamtdeutsches Fußballteam voraus, und auch andere Sportarten frohlockten: Nirgends gab es so viele Nationalgüter zu bestaunen, nirgends konnte man so viel Know-how übernehmen wie aus dem DDR-Spitzensport. Der Preis des Ganzen interessierte in den Monaten des Taumels wenig. Gemeinsam fahndete man nach 1989 intensiv nach »Vereinigungseffekten«. Es war bequemer, sich gegenseitig fleißig in die Taschen zu lügen, zu befördern, zu verschleiern, auszusitzen, Dopingkritiker zu isolieren, jedwede Aufarbeitung, die außerhalb des *inner circle* stattfand, immer wieder zurück auf null zu stellen und das West-Ost-Netzwerk emsig weiter zu knüpfen – als den Sport sauber zu kriegen.

Doch schneller als gedacht waren die begehrten »Vereinigungseffekte« verpufft. In der mager ausfallenden Sydney-Bilanz des Deutschen Sportbundes aus dem Jahr 2000 fand sich der bemerkenswerte Satz: »Das DDR-Erbe ist aufgebraucht.« Offenbar ein Grund für trübe Stimmung. Und tatsächlich sah das Fazit des Sports zehn Jahre nach dem Mauerfall nicht sonderlich rosig aus: ausbleibende Medaillen in vielen Sportarten und vermeintlich unmotivierte Athleten. Die Luft war irgendwie raus. Der Sport in Misskredit? Dem musste Abhilfe geschaffen werden. Man organisierte sich neu: Die Profiszene traf sich an Bluttankstellen oder innerhalb krimineller Dopingnetzwerke, die Sportfunktionäre vollzogen einen zweiten Vereinigungsschritt, die Fusion von NOK und DSB zu einem großen Dachverband, dem Deutschen Olympischen Sportbund (DOSB), der schließlich im

Frühjahr 2006 aus der Taufe gehoben wurde. »Kürzere Entscheidungswege, weniger Reibungsverluste, größere Konzentration«, lauteten die Maximen. Was man auch deutlicher sagen konnte: Effizienz, Zentralisierung und Alimentierung des organisierten Elitesports. Klang das nicht vertraut?

Ins DOSB-Reformprogramm gehörte zumindest auch, einen sechs Jahre währenden juristischen Streit der DDR-Weltklasseschwimmerin Karen König gegen das NOK zu beenden. Die Einigung erfolgte im Herbst 2006. 167 DDR-Dopinggeschädigte erhielten ein Schmerzensgeld in Höhe von 9250 Euro. Es sollte »endlich Ruhe sein«, verlautbarte ein DOSB-Insider. Das leidige Thema habe den Sport lange genug beschäftigt. Wo das NOK jahrelang stoisch abgewehrt hatte, agierte der neue DOSB mit einem Mal seltsam überstürzt. Doch warum war die erwünschte Ruhe eigentlich auf so hastige Weise gewollt?

Das rasch aufgelegte Einigungswerk zur ostdeutschen Bruchlandschaft des Sports war ein Arrangement auf Geld, keine Vereinbarung auf Inhalte. Kein runder Tisch, der seriös nach der Situation der Geschädigten gefragt hätte, keine juristischen Gutachten, um die Härtefälle aufzufangen, keine Traumatherapeuten, keine spezialisierten Ärzte, keine Langzeitstudie zu den Krankheitsverläufen, keine Stiftungsidee, die den enormen Preis dieses Deformationssports sachwaltlich betreut hätte.

Und Nils P.? Mutter und Sohn verließen im Frühsommer 2000 den Moabiter Gerichtssaal. »Was hat das Ganze nun gebracht?«, motzte er. Die Frage war nicht unberechtigt, und die Enttäuschung stand seiner Mutter ins Gesicht geschrieben. Zwei Tage lang hatte der medizinische Gutachter Nach- und Nebenwirkungen anaboler Steroide aufgelistet. Verschiedenste Krankheitsbilder, neueste Forschung zu Testosteronderivaten, Überlegungen zur gleichzeitigen Vergabe von Pille und männlichen Hormonen, detaillierte Berichte zur Wirkung von Anabolika auf zellulärer Ebene – alles war ausführlich zur Sprache gekommen. Als es jedoch um die 22 Einzelfälle im Prozess und die jeweilige Kausalität mit Dopingvergaben ging, fiel die Bewertung des Gutachters ungemein zurückhaltend aus: Gab es Literatur zum jeweiligen Schadensfall, war der Zusammenhang zwischen Schaden und Hormondoping für ihn zweifelsfrei gegeben. Forensisch klar war für ihn nur, was wissenschaftlich als ohnehin längst klassische Dopingfolge anerkannt und mittlerweile zum Standardwissen gehörte: irreversible Ausprägungen tiefer Stimmen, ein männliches Behaarungsmuster und Muskelrelief, Störungen des Hormonhaushalts, erhöhte Blutfettwerte, Leberschädigungen und neuronale Veränderungen, ergo meist Suchterkrankungen.

Sowohl bei Geschlechtsumwandlung wie auch Krebserkrankungen verwies der Gutachter beharrlich auf die Tatsache, dass der forensische Nachweis im Einzelfall nicht möglich sei. Und wie stand es um die zweite Generation, bei der es um Erblindungen, Wasserköpfe und Klumpfüße ging? Auch hier blieben die Aussagen des Toxikologen vorsichtig. Zwar sei ein Zusammenhang mit Anabolikagaben denkbar, sogar wahrscheinlich, doch gebe es zurzeit noch keine Literatur, die ihn mit Eindeutigkeit beweise.

Fehlende Literatur bei einem konspirativen Zwangssystem? Das war zu viel für Andrea P. »Dann hätte es eben Gutachten geben müssen. Persilschein-Politik!«, fluchte sie. Für die erhoffte Klärung von Nils' Schädigung hatte der Prozess nichts gebracht. Wie viele der Nebenklägerinnen erlebte sie die Monate im Gericht als retraumatisierend. Vor dem Richter war oft sehr Persönliches, ja Intimes zur Sprache gekommen. Was der medizinische Gutachter über Schadensgenesen erörterte, hatten die Frauen bisher nicht gekannt. All die Krankheitsprozesse in ihren Körpern erhielten mit einem Mal einen Namen.

Da eine psychologische Betreuung ausblieb, führten die langen Gerichtswochen zu neuen seelischen Verletzungen. Nicht wenige der Nebenklägerinnen fanden sich ab Sommer 2000 in Krankenhäusern wieder, etliche in Psychiatrien. Fast alle schilderten die Zeit nach dem Sport als einziges Survival-Programm. Denn die Steroidjahre hatten ihren Tribut gefordert: Die Körper wurden krank und fielen auseinander, die psychologischen Risse waren tief. Viele ehemalige Athleten hatten aufgrund der langen Sportjahre nur schlechte Ausbildungen, so dass 80 Prozent von ihnen heute von Hartz IV leben. Bei notwendigen Operationen, Behandlungen oder Therapien stellen sich oft Schwierigkeiten mit den Krankenkassen ein. Wer übernimmt die Kosten? Und wer die Verantwortung für die generell schlechten Lebensperspektiven?

Wo es den Geschädigten mit der Zeit gelungen war, ihre Dopinggeschichte ins eigene Leben zu integrieren, fanden auch ihre Kinder einen Umgang damit. Die Tochter einer noch heute schwer bulimiekranken, aber intensiv therapierten ehemaligen Schwimmerin sagt über ihre Kindheit: »Anfangs wollte meine Mutter immer verbergen, worum es ging. Ich spürte nur, wenn ihre Stimme wütend wurde und die Angst hochkam. Irgendwann hab ich gesagt: Erzähl, erzähl die Fakten, erzähl, was mit dir geschehen ist. Es war eine traurige Geschichte, aber es war gut, dass ich sie erfahren habe. Sie hätte mich ruhig schon früher mit alldem konfrontieren können.« Der Sohn einer ehemaligen Werferin, die die eigenen schweren Dopingfolgen nach wie vor leugnet, geht stattdessen auf folgerichtige Abwehr: »Sie kommt eh nicht damit klar. Es interessiert mich auch nicht. Außerdem hab ich nichts damit zu tun.«

Es sollte weitere sechs Jahre dauern, ehe das Leid von Nils P. erstmals öffentlich anerkannt wurde. Als es Ende 2006 um Schmerzensgeld von Seiten des DOSB und endlich auch um Zahlungen von Jenapharm ging, erhielt er als einer der wenigen Geschädigten aus der zweiten Generation denselben Betrag wie seine Mutter. In der in Auftrag gegebenen gutachterlichen Stellungnahme des Heidelberger Zellbiologen und wichtigsten deutschen Dopingexperten Professor Werner Franke heißt es: Es ist von »auffälligen Häufungen kongenitaler Klumpfuß-Bildungen bei Kindern von Müttern auszugehen, die während oder vor der betreffenden Schwangerschaft beträchtliche (5 mg/die) Mengen androgener Hormone, in Sonderheit Oral Turinabol, erhalten haben«.

Die Expertise machte klar, dass es keinerlei Hinweise darauf gibt, dass Anabolika mutagene, erbgutverändernde Wirkungen haben, wohl aber Wachstumsschäden bei Föten bzw. Neugeborenen hervorrufen können, vor allem bei Erstgeborenen. Zur Klumpfuß-Bildung, heißt es, führt eine allgemeine oder lokal verringerte Größe bzw. Verengung des Uterus, sei es durch Raumforderung selbst oder als Folge verringerter Fruchtwassermenge. »Insofern muss davon ausgegangen werden, dass infolge der Androgenbehandlung von Mädchen und jungen Frauen der Uterus vielfach unterentwickelt, zu klein und atrophiert ist, so dass bei einer anschließenden Schwangerschaft die Wahrscheinlichkeit für Raumforderungsmissbildungen wie Klumpfüße erhöht ist.«

Es ist nur eine Frage der Zeit, bis Nils P. oder auch andere geschädigte Kinder des deutschen Effizienzsports aufgrund der Schwere ihrer Geschichten ein paar Fragen stellen werden: Wie kann es sein, dass es nie einen runden Tisch gegeben hat, der nach der Situation der Geschädigten gefragt hätte oder danach, was sie am dringlichsten brauchen? Warum ist der Sport nicht an einer differenzierten Schadensanalyse interessiert, warum nicht an einer Langzeitstudie zu den Krankheitsverläufen? Wo bleiben seine Empfehlungen für die notwendigen Traumatherapeuten, wo für die besten Fachärzte? Warum gibt es keine juristischen Gutachten, die die Härtefälle in das SED-Unrechtbereinigungsgesetz oder das allgemeine Opferentschädigungsgesetz aufnehmen könnten? Warum fühlt sich der Sport nicht für die Einrichtung einer Stiftung verantwortlich, die seine Schäden nachhaltig auffängt? All diese Fragen verweisen auf eines: Nicht selten haben die den Preis für die Verfehlungen des Sports zu zahlen, die damit ursächlich nichts zu tun haben.

3. Könnt Ihr dort Repoxygen bekommen? – Worüber ein illegaler Dopingring kommuniziert

Nichts ist klar, und das ist gut für den Anwalt.
THOMAS SPRINGSTEIN, TRAINER, 2006

TopDoc und TopSpeed. Im November 1997, ein Vierteljahr nach Andrea P., machte auch die ehemalige Hürdensprinterin Frauke T. in Berlin ihre Aussage vor der Zentralen Ermittlungskommission: »Ich bin 1981 über die normale Sichtung zur Kinder- und Jugendsportschule ›Wilhelm Pieck‹ Neubrandenburg gekommen und war dort auch im Internat. Von 1985 bis 1988 trainierte mich Herr Thomas Springstein.« – »Wurde Ihnen Oral Turinabol verabreicht? Wenn ja, von wem?« – »Ja, von Herrn Thomas Springstein. Ich erhielt von ihm überwiegend die blauen Oral Turinabol. Aber auch weiße Tabletten, in einer Blisterpackung [Anm.: offenbar das Steroid Mestanolon, Code-Name: STS 646]. Es gab im Jahr zwei sportliche Höhepunkte, und zwar die Hallensaison und die Freiluftsaison. Darauf wurde trainiert. Zu diesen Höhepunkten gab es jeweils einen Einnahmezyklus von mindestens zwei Monaten. In dieser Zeit lag die tägliche Dosierung zwischen einer und drei Tabletten.« – »Wie alt waren Sie bei der Ersteinnahme von Oral Turinabol?« – »16 Jahre.«

Die Aussage von Frauke T. fand Eingang in die Unterlagen des Berliner Strafprozesses gegen Höppner und Ewald im Jahr 2000. Aufgrund des Zeitdrucks im Prozess kam Springsteins Kriminalität jedoch nicht mehr zur Sprache. Und selbst wenn, hätte ihn das kaum aufhalten können. Denn die Energien des Minderjährigendopers waren zu der Zeit bereits schon wieder auf anderes gerichtet. Ein durchaus reger Mailverkehr zwischen zwei Medizinern – dem spanischen Arzt Miguel Peraita wie dem Holländer Berend Nikkels – und Thomas Springstein lässt kaum Fehlschlüsse zu, um welches Projekt es sich dabei handelte.

Der Ex-Bodybuilder Peraita, Inhaber einer Privatklinik in Madrid, in unmittelbarer Nachbarschaft der Praxen des Gynäkologen Eufemiano Fuentes und des Blutexperten Merino Batres gelegen, nannte seine »Beraterdienste« apart »Consulting Advanced Technics Human Performance«. Dabei war an alles gedacht. In einem Informationsblatt, das »interessierte Athleten« in die Hand bekamen, die beabsichtigten, sich zu einer Erstvisite in die spanische Hauptstadt aufzumachen, stand über sein Hochleistungsprogramm zu lesen: »Unsere Einrichtung wird den Klienten über die individuellsten Techniken informieren, um die besten Resultate in jeder Sportart zu erzielen, und auch darüber, wie man sie einsetzt. Diese Information enthält Ernährungsanweisungen wie Hinweise zum Gebrauch von natürlichen und pharmazeutischen Hilfen. Der Klient wird auch über die möglichen Risiken oder Kontraindikationen, die aus dem Gebrauch der Mittel resultieren, informiert. Er ist selbst für die Verabreichung und Anpassung der Dosen verantwortlich.«

Das Handout wies denn auch umsichtig darauf hin, dass sich die Preise bei Dollarschwankungen ändern könnten, dass die Athleten zuerst Mister Jos Hermens kontaktieren sollten, der wiederum an den Geschäftsführer der Klinik heranträte, dass ebendieser auch für die Hotelreservierung und die Trainingsmöglichkeiten zuständig sei, dass empfohlen werde, ein offenes Rückreiseticket zu buchen, »falls zusätzliche Behandlungen oder Therapien notwendig würden«, und auch, dass es doch sinnvoll sei, die Klinik mindestens aller vier Monate aufzusuchen. »Das verbessert die Kommunikation zwischen den Partnern, räumt eventuelle Zweifel aus und versetzt uns durch die aktuelle Datensammlung in die Lage, das Programm des Klienten effizienter zu steuern.«

Von Zweifeln war dann im konkreten Mailwechsel zwischen Peraita alias TopDoc und Springstein alias TopSpeed eher weniger zu spüren. Hier hatten sich zwei gefunden. Hier wurde freudig experimentiert. Die ersten Mails – die Korrespondenz fand auf Englisch statt –, die von der Magdeburger Staatsanwaltschaft im September 2004 nach einer Hausdurchsuchung bei Thomas Springstein und seiner Lebensgefährtin Grit Breuer zusammengestellt wurden, sind auf den Juni 1998 datiert.

Bis zu dem Zeitpunkt hatte es bereits die eine oder andere Auffälligkeit in der Karriere des Thomas Springstein gegeben: Seit 1984 Sprinttrainer beim Sportclub Neubrandenburg, gehörte er zu den Ostdeutschen im Sport, die auch nach 1989 schnell Furore machen konnten – mit Stars wie Katrin Krabbe, Silke Möller, Manuela Derr und Grit Breuer. Bei den Europameisterschaften 1990 holten seine Supergazellen sechs Goldmedaillen, ein Jahr später zur Weltmeisterschaft in Tokio ersprintete sich Krabbe erneut zweimal Gold und Breuer Silber über 400 Meter.

Kurz darauf kam Springsteins Erfolgsmodell jedoch ins Straucheln. Mehrere seiner Athletinnen flogen mit identischen Dopingproben auf. Ein halbes Jahr später wurden Krabbe und Breuer der Einnahme der anabolen Mastkälbersubstanz Clenbuterol überführt und für drei Jahre gesperrt. Der damalige Leichtathletik-Verbandsschef Meyer kommentierte Springsteins folgerichtigen Rausschmiss: »Das faktische Arbeitsverhältnis mit Herrn Springstein wird beendet. Der Deutsche Leichtathletikverband wird mit ihm für die Zukunft keinen Vertrag abschließen.«

Katrin Krabbe beendete ihre Karriere, Grit Breuer aber trainierte unter Springstein weiter. Fünf Jahre später war sie als drahtiges Energiebündel zurück in den Stadien der Welt. Bei der Weltmeisterschaft in Athen startete sie in der Staffel, erhielt den Stab in aussichtsloser Position 4. Aber dann lief und lief und lief sie. Am Ende gewann sie Gold für die 4-mal-400-Meter-Staffel und die Sympathien der Deutschen. Das sah man nicht oft: so viel Verve, so viel mentale Stärke, so viel Kraft. Sie selbst nannte diesen Lauf den »Wendepunkt ihres Lebens«. Die lachende Grit Breuer rollte sich in Schwarz-Rot-Gold und lief eine rührend stolpernde Ehrenrunde. Das Bild ging um die Welt. Und auch die Folgesaison war erfolgreich. Der zurückgekommene Sprintstar brachte Thomas Springstein, inzwischen ihr Lebenspartner, in Magdeburg unter Vertrag und holte in Budapest bei den Europameisterschaften 1998 Doppel-Gold über 400 Meter sowie über die lange Sprintstaffel. Die Sportwelt ernannte sie fanatisch zur »Frau mit dem Turbo«.

Sieg der Verleugnung.   In den Stadien wurde Sieg um Sieg erlaufen. Im Hintergrund kümmerte sich die deutsch-spanische Männerunion eifrig darum, dass der weibliche Turbo auch lief. So hatte sich TopSpeed vor dem Budapester Erfolg per Mail mit Nachdruck an den Madrider Dienstleister gewandt. Am 5. Juni 1998 schrieb er: »Die gesamte Zeit über nutzen wir das Programm, über das wir nach den Hallenmeisterschaften gesprochen haben. Gestern haben wir die letzte Periode (B) absolviert. Jetzt habe ich jede Menge Fragen für die Arbeit in der nächsten Zeit.« Die konnten offenbar zur Zufriedenheit beantwortet werden, denn die Verbindung wurde gehalten, mehr noch, sie wurde umsichtig ausgebaut. Peraita an TopSpeed: »Ich bereite gerade ein neues Programm vor, das ich Euch so schnell wie möglich schicken werde (eine Menge Sachen). Tut mir leid, aber ich versuche den besten Weg zu finden, damit Ihr nicht so viele Tabletten und

Injektionen täglich anwenden müsst. Ihr werdet das Programm problemlos anwenden können.« Über eine undatierte Mail traf von »Thomas« denn auch eine der üblichen Bestellungen ein: »Katalysatoren 2 ×, Stave 1 forte 1 ×, CM für 2 Athleten für 2 Monate (200), Ubichinum-Mischung 1 ×, Glutaktiv 1 ×, Rendimax 1 ×, Ultratard 3 ×, BOI-K 3 × 30 Tabl., GH 1 × 5er-Pack = 60 Einheiten, wenn möglich, sonst 1 × 72 Einheiten, STMR-P 50 Tabl. (nicht STMR-S), Koffein 50, Inosine 2 ×, GM 200, MP-Peptidos 300, Alka-Drink 2 ×, IGFr3 2 ×, MK-Peptidos 2 ×.«

Ein bisschen Homöopathie, ein paar Enzyme und Stimulanzien, dazwischen Stretching, Stretching, Stretching, am Ende Insulin und Wachstumshormone. Die Mails lesen sich wie eine bizarre Mischung aus Schamanentum und harter Drogenwelt. Doch was sich anfangs noch wie Fachchinesisch anhörte, wurde über die Jahre zu einer fein ausdifferenzierten Versuchsanleitung für den komplett eingestellten Topathleten: verschiedenste Drogen und Kombinationen, passend für jeden Trainingszyklus, Stimulanzien zur Vorbereitung auf die Wettkämpfe, Mittel zur Verbesserung der Ausdauer (»Gibt es Neuigkeiten auf dem Markt?«), eines zum »Umgang mit Tito«, eines zum »Umgang mit GH« [Anm.: Genotropin, menschliches Wachstumshormon]. »Wie können wir X2 Hemogan, Deportone, Ultratard, FA-Med nutzen? Wie können wir Proteine erhöhen? Gibt es eine Alternative zum B-Komplex?« Springsteins Vision: der hochgezüchtete, hingebastelte Athlet, der seine Ups and Downs unter rein chemischen Gesichtspunkten angeht.

Zu all dem brauchte es eine gehörige Portion Suggestion. TopSpeed an den Madrider Arzt: »Meine einzige Intention ist es, Athleten an die Spitze des Sports zu führen, besonders G. Ich brauche Dein Wissen und Deine Unterstützung. Zum Programm habe ich ein paar Fragen: Warum nicht GH? Gibt es irgendeine Verbindung zu den positiven Nandrolon-Tests?

Sind Antioxidantien dasselbe wie Wobenzym?« Peraita antwortete zwei Tage darauf: »Lieber Meister, wir alle denken nur daran, seriöse Arbeit zu machen und die Athleten an die Spitze zu führen. GH oder IGF haben nichts mit Nandrolon zu tun. Wie auch immer, macht eine Überbrückung mit einer kleinen Menge Tito, so dass G. nicht an Gewicht zunimmt und zu fest wird; wir brauchen beständige Leistung.«

Es kam das Jahr 1999. Auch das begann für Grit Breuer furios. In Japan gewann sie mit 50,80 Sekunden den Hallen-Weltmeistertitel. Doch kurz darauf streikte ihr Körper. Das hochdosierte Pharmazieprogramm samt martialischem Trainingspensum schien Probleme zu zeitigen. Verletzung folgte auf Verletzung. Zwar schaffte sie es noch bis zur Weltmeisterschaft in Sevilla, doch dort erlebte die Sprinterin, wie sie selbst sagte, »die schlimmste Stunde meiner Laufbahn«. Ähnlich desolat verlief auch das Olympiajahr 2000. Im Frühsommer schrieb TopSpeed noch nach Spanien: »Wir haben sehr hart trainiert und alle Programme absolviert, die geplant waren. Zunächst: Maxab funktioniert nicht, gar nicht, keinerlei Effekte, absolut gar nichts – sogar negative psychologische Effekte!!!« Es folgte eine Auflistung aller möglichen Wettkämpfe. Der erbarmungslose Blick des Trainers konnte jedoch bei seiner Lebenspartnerin nur eins entdecken: »Ihr Laufen ist eher langsamer geworden. Alle Rennen sahen hart und verspannt aus.«

Peraita versuchte, die Blockaden von Spanien aus zu lösen. Am 7. Juli 2000 schrieb er: »Es scheint klar zu sein, dass G. nicht gut mit Säuren funktioniert. Deshalb wird die Kraft nicht wirklich in Geschwindigkeit umgesetzt. Die folgenden Änderungen werden diese Situation lösen.« Geändert wurde dann einiges: ein anderer Rhythmus mit dem »Material« [Anm.: EPO], kein DOL mehr, Insulin nur montags, mittwochs, freitags, kein Tito, aber Blockacid. Dazu noch Alkadrink, Tirosine, Calcium, Magnesium, Potassium, STMR-S,

Deportone vor dem Rennen. »Der Rest des Programms bleibt so«, schloss er seine Mail bestimmt.

Die pharmazeutischen Umstellungen schienen die körperlichen Miseren der Topathletin nicht zu beheben. Der Juli 2000 wurde ein Monat mit Knie- und Rückenproblemen. Gegen die kannte TopSpeed nur ein Mittel. Am 28. Juli 2000 sandte er eine denkbar knappe Mail gen Spanien: »Hola, Doc, bitte sende uns beide Arten der Vorbereitung: Pflaster 8 [Anm.: Testosteronpflaster] und die starke Variante, plus exakte Anweisungen.« Was auch immer die Zusammensetzung der »starken Variante« war, im Hinblick auf Sydney schien man zu allem bereit. Was ihr Körper an Signalen senden mochte, blieb in dem Unternehmen Olympia ungehört. Die angeforderte Chemie gewährleistete es, ihn vollständig kaltzustellen. Eine Methode, für die TopSpeed einmal mehr Rückendeckung aus Madrid erhielt. Am 1. August 2000 hieß es von da: »Ihr dürft jetzt keine Woche mehr verlieren. Je mehr Zeit Ihr für Rehabilitation verschwendet, umso schwieriger wird es, rechtzeitig in Form zu kommen. Passt auf und seid aktiv!«

Das Passauf-Programm lief auf vollen Touren, doch der körperliche Zusammenbruch war nicht mehr abzuwenden. Einen Tag vor Eröffnung der Olympischen Spiele in Sydney, am 14. September 2000, musste Grit Breuer an Rücken und Knie operiert werden. Als Cathy Freeman über 400 Meter in 49,11 Sekunden den Olympiasieg holte und das Stadion bebte, schrieb TopSpeed per Fax nach Madrid: »Es tut mir leid, dass ich Dir die wichtigsten Neuigkeiten meiner Athleten so spät mitteile. G. konnte nicht an den Olympischen Spielen teilnehmen, wegen einer Operation an Rücken und Knie. Nun erholt sie sich sehr langsam ... Aber ich habe auch wunderbare Nachrichten für unsere Arbeit. Der Triathlet W. hat die Silbermedaille in Sydney geholt. Das war eine große Überraschung meine Arbeit betreffend, und ich muss

Dir sagen: Danke, vielen, vielen Dank für Deine kreativen Ideen. Für mich ist die Arbeit mit Dir sehr interessant, und ich hoffe, wir bleiben in Kontakt, um beim nächsten Mal noch viel besser zu sein.« Peraitas Antwort ließ nicht auf sich warten. Drei Tage darauf schrieb er:»Liebe Freunde, wir verfolgen die Spiele und haben im Fernsehen, auf Digitalkanälen, Eurosport, im Internet nach G. Ausschau gehalten. Dann kam das Fax, und ich habe verstanden. Was für eine Überraschung! Wir wussten schon von Vuckovic und den Mädchen. Großartig! Wir haben diese Olympiade genossen und so manche Goldmedaille. Wir haben neue Dinge für das nächste Jahr, um Material zu ersetzen. Sehr interessant.«

Viel Zeit zur Erholung ließ man der Rekonvaleszenten nicht. Die ehrgeizige Männercrew plante bereits die Saison 2001, noch bevor Grit Breuer das Krankenhaus überhaupt verlassen hatte. Es dauerte nicht mal ein halbes Jahr, und der Mailverkehr zwischen TopSpeed und TopDoc fand zur alten Intensität zurück. Am 21. März 2001 forderte TopSpeed Aufklärung in Bezug auf das in Madrid vorgeschlagene Programm. Und Peraita beruhigte:»GH oder IGF haben nichts mit Nandrolon zu tun. Tito hält länger als GH, wegen der Pflastereffekte. Nehmt die Pflaster an so wenig Tagen wie möglich, wenn Ihr das Testlevel nicht kontrolliert.«

Bei den deutschen Meisterschaften 2001 lief Grit Breuer die Stadionrunde schon wieder unter 50 Sekunden, gewann beim Europacup und landete bei den Weltmeisterschaften in Edmonton über 400 Meter auf Platz 4.»Ich muss eigentlich doch glücklich sein. Im vergangenen September lag ich noch im Krankenhaus, und jetzt bin ich im WM-Finale Vierte geworden«, sagte sie nach dem Lauf. Im kommenden Jahr aber wolle sie unbedingt wieder auf dem obersten Treppchen stehen, ergänzte sie,»zu Hause«, in München, zu den Europameisterschaften 2002.

Das gelang auf fulminante Weise, und über 50 000 Zuschauer dankten es ihr mit stehenden Ovationen. Die »Stehauffrau« oder auch »Flying Grit« erstürmte im strömenden Regen von München einen weiteren Staffelsieg. »In unvergleichlicher Art hatte sie auf der Zielgeraden ihren Turbo gezündet und war innen an der russischen Einzel-Europameisterin Olesja Sikina förmlich vorbeigeschossen«, heißt es in dem Buch »Leichtathletik-EM 2002«.

Repoxygen. Die Sache mit dem Turbo hatte allerdings einen beträchtlichen Haken. Nachdem Breuers Erfolgsserie der Jahre 2001 und 2002 den Coach und Lebenspartner Thomas Springstein vom Deutschen Leichtathletikverband zum »Trainer des Jahres 2002« gemacht hatte, konnte man in einem FAZ-Interview im Dezember 2002 bemerkenswerte Sätze von ihm lesen: »Es gibt keine Weltmeisterschaft für humane Leichtathletik.« Oder: »Ich sehe keinen Ausweg aus der Dopingproblematik.« Oder: »Der Sport ist unfair, und ich muss damit leben.« Unverblümte Worte, so deutlich wie ein ungebrochen agierender Doper mit hoher krimineller Energie in diesem Land eben reden kann. Wer ahnte schon, dass sich diese Sätze bereits auf die neue Ära des transgenen Dopings bezogen? Am 8. Oktober 2002 schrieb TopSpeed an TopDoc unter dem Betreff »Nur eine Erinnerung«: »In den letzten beiden Wochen haben wir Tito benutzt. Das funktioniert gut. Wir haben auch Katalysatoren und Testis comp. [Anm: Extrakt aus Schweinehoden] eingesetzt.« Des Weiteren forderte der Meistertrainer: »Wir brauchen ein Programm, um uns auf Wettkämpfe vorzubereiten (Stimulanzien). Wir brauchen ein Programm, um die Ausdauer zu verbessern (Material, Neuigkeiten??). Wir brauchen ein Programm für den Einsatz von Tito. Wir brauchen ein Programm für den Einsatz von GH?? Oder besser nicht? Wie können wir X2, Hemogan, Deportone, Ultratard, FA-Med nutzen? Wie können wir den Proteinspiegel erhöhen? Gibt es irgendwelche Alternativen zum B-Komplex? Das neue Repoxygen ist schwer erhältlich. Bitte gib mir bald neue Instruktionen, so dass ich die Produkte rechtzeitig vor Weihnachten bestellen kann.«

Repoxygen? Worüber Kenner des globalen Pharmaziesports seit geraumer Zeit beunruhigt gefachsimpelt hatten, mit der Mail vom Oktober 2002 an TopDoc wurde es publik: die Existenz des ersten waschechten Gendoping-Präparats. Am 10. November 2002 antwortete TopDoc unter dem Betreff »Danke für Deine Unterstützung«: »Zu Tito: Je öfter Ihr es aussetzen könnt, umso besser. Ihr könnt sonst verrückt werden mit so vielen Injektionen, über so viele Wochen. Es ist Eure Sache. Wir arbeiten an einem neuen System für einen langsameren Abbau, aber das wird noch einige Zeit dauern. Könnt Ihr dort Repoxygen bekommen? Bleibt in Kontakt. Gebt mir so viele Informationen wie möglich: Bluttests, Trainingsziele, Trainingspläne, Möglichkeiten, um ›wegzubleiben‹. Lasst es uns angehen!«

Für das Produkt Repoxygen hatte die britische Herstellerfirma Oxford Biometica im Jahr 2002 Daten von Versuchen an Mäusen veröffentlicht. Ursprünglich entwickelt für blutarme Patienten, hatten sich offenbar schnell andere Nutzungskanäle eröffnet. Doch warum sollte, angesichts der gebräuchlichen Dopingproduktpalette, diese chemische Novität für Athleten überhaupt von Interesse sein? Kurz gesagt: Repoxygen enthält die genetische Bauanleitung für EPO, das mittels eines Virentaxis in die Zelle geschleust wird und dort die EPO-Produktion animiert.

Der Vorteil der neuen Methode besteht darin, dass das EPO-Gen direkt in den Muskel gespritzt wird und damit die Niere nicht mehr belastet. Der Muskel übernimmt deren Funktion und scheint dabei so effizient zu Werke zu gehen, dass die einzelne Injektion eine blutbildende Hormonwirkung für Tage und Wochen sicherstellen kann. Und noch etwas macht die Substanz für den Sport unabweisbar lukrativ: ihre Möglichkeit zur Selbstregulierung. Der Stoff wird selber zum System und schlägt dem Körper nach der Injektion die ihm passende Gangart vor, da das EPO-Gen in den Muskelzellen nur dann aktiv werden muss, wenn ein Sauerstoffdefizit im Blut auftritt. Das Repoxygen-Original wurde demzufolge durch die Zufügung eines weiteren Gens, das die Transportkapazität von Sauerstoff je nach Bedarf auf einem bestimmten Level zu halten vermag, mit einem speziellen Switch-Effekt ausgestattet.

Und die Risiken? Die sind völlig unabsehbar, da die künstliche EPO-Produktion im Muskel zu einer unkontrollierbaren Immunreaktion führen kann. Der Genstoff funktioniert in diesem Fall wie die Pest an Bord, als eine Pandemie von innen. Einmal in den Muskel und damit in Gang gespritzt, führt die Injektion zu einer lebensbedrohlichen Zerstörung der Blutkörperchen.

Die Dauerverletzte. Grit Breuer und ihr Lebenspartner Thomas Springstein bereiteten sich im Herbst 2002 – während des deutsch-spanischen Repoxygen-Abgleichs – zu Hause in einem sechswöchigen Basistraining auf die neue Saison vor. Vom 4. bis 26. Januar 2003 wollten sie ins südafrikanische Trainingslager nach Stellenbosch fliegen. Peraita fragte am Ende seiner Antwortmail also nach Repoxygen in Deutschland. Die Frage klang lapidar, zumindest nicht so, als sei die Substanz eine wirkliche Neuigkeit auf dem Markt. Von Spanien aus dürfte sie zu dem Zeitpunkt lieferbar gewesen sein.

Einige Wochen später, am 10. Februar 2003, ging eine Mail von TopSpeed nach Spanien: »In den letzten zehn Tagen haben wir an vier unterschiedlichen Wettkämpfen teilgenommen. G. hatte sich noch nicht wirklich von dem harten Training erholt. Während der Trainingszeit hat sie sich gut gefühlt, aber nur Tito einzusetzen bringt nicht so viel Kraft. Wir vermissen Atepodin in den Wettkämpfen sehr. Für größere Wettkämpfe brauchen wir gute Stimulanzien. STMR-P wirkt nicht mehr.« TopDoc legte sich einmal mehr ins Zeug. Seine Champions in Deutschland schienen der Mühe wert. In seiner Antwort vom 15. Februar 2003 punktete er wie üblich mit seiner Kreativität in Sachen Chemie: »Liebe Champions, wir hatten Glück und haben noch etwas Atepodin bekommen, wahrscheinlich das letzte weltweit. Wenn das aufgebraucht ist, könnt Ihr Striadine versuchen (vielleicht anderthalb Ampullen oder zwei). Tomevit (schaut in Euer Programm!) ist eins der wenigen Produkte mit ATP. Durvitan ist ein starkes Koffein (versucht das und nicht Phenolin). Ich empfehle, nach dem Rennen zu pinkeln, wenn Koffein eingenommen wurde, und zwar vor den Kontrollen.«

So durchschlagend die spanischen Tipps auch gedacht waren, Grit Breuers Saison 2003 war gezeichnet von Verletzungspech. Eine Entzündung in der linken Achillessehne, ein Muskelfaserriss im Oberschenkel, eine Glasscherbe im Fuß am Zinnowitzer Strand. Der Körper laborierte. Er wollte nicht mehr überrannt werden. Nimmt man Laufen als Trauma-Überlebensmodus schlechthin ernst, könnten die Stadionrunden als endlose Wiederholungsschlaufen und jede lange Gerade als Versuch der Dissoziation verstanden werden. Doch wohin entkam man sich, wenn nach jedem Sieg ein nur noch größerer Chemie-Cocktail auf einen wartete? Was war durchs Laufen zu retten, wenn nach all den Hodenextrakten und Mastkälbersubstanzen am Ende nur noch eins ausstand: der Totalangriff auf die eigenen Zellen mittels Repoxygen?

Es ist nicht bekannt, was Grit Breuer in diesen Frühsommerwochen 2003 gedacht und gefühlt hat. Als sie trotz genähtem Fuß und Sehnenschmerzen Ende August bei der

Weltmeisterschaft in Paris an den Start ging, hatte ihr Trainer die Saison bereits abgeschrieben. Er war schon wieder am Planen. Am 24. Juli 2003 schrieb er an TopDoc: »Für das nächste Jahr müssen wir sehr viel härter und enger zusammenarbeiten, um zu den Olympischen Spielen erfolgreich zu sein. Die ganz neue Sache ist – aber behalte es bitte für Dich –, dass N. mit mir und G. im nächsten Jahr arbeiten wird. Ich muss mich mit Dir treffen, zwischen den Weltmeisterschaften oder danach, vielleicht im frühen September, um die Situation mit G. und N. zu fixieren. Ziel ist es, in Athen Medaillen über 400 Meter der Frauen und 800 Meter der Männer zu gewinnen. Ich denke, das wird ein sehr interessanter, aber auch ein sehr harter Job.«

TopDoc hatte daraufhin am 3. August 2003 eine bemerkenswert private Antwort für das deutsche Paar: »Ich hoffe, G. bekommt alle Medaillen bei den nächsten Olympischen Spielen, so dass Ihr für Eure nähere Zukunft Kinder planen könnt. Das ist die größte Sache, die einem im Leben passieren kann. Es ist wirklich erstaunlich, welche Gefühle einen überkommen, wenn man den eigenen Sohn anschaut. Ich empfehle es.«

Vor den Kindern sollte aber erst einmal Athen 2004 kommen. Das hieß Maloche und vor allem viel Chemie. Nach einer Achillessehnenoperation in der Wintersaison 2003/04 wurde es für Grit Breuer schon wieder knapp bis zu den Spielen. Erst Mitte Juni war sie wieder schmerzfrei. Mitte Juli startete sie bei den deutschen Meisterschaften in der Staffel. Der Verband wollte der Turbo-Leistungsgarantin in jedem Fall die Chance auf Athen lassen. Vor diesem Hintergrund wandte sich TopSpeed am 11. Juli 2004 dringlich an TopDoc: »Wir haben noch acht Wochen, um uns auf den Hauptwettkampf ISTAF Berlin am 12. September vorzubereiten. Wir brauchen Deine Vorschläge für die nächste Trainingsperiode. Zur Verfügung steht uns: GH, Tito, Peptidos LJ,

Testo-Pflaster, Material Testis compositum, Amino pure, Ultra-tard?? Bitte mach uns ein Programm für die nächsten acht Wochen, um Schnelligkeit, Kraft, ausdauernde Schnelligkeit zu verbessern und ein höheres Testolevel zu bekommen!«

Doch die Pharmaprogramme verhalfen zu nichts. Zwar kam Grit Breuer noch in Schwung, vermochte auch die Konkurrentinnen in einem Trainingswettkampf in Kienbaum über die Stadionrunde zu schlagen, doch am 9. September 2004 meldeten die Blätter, die »Symbolfigur der deutschen Staffel« habe ihre Saison beenden müssen. Seit Tagen fühle sie sich schlecht und sei nun in ärztlicher Behandlung. Unnötig zu spekulieren, ob sie zu dem Zeitpunkt bereits über die Strafanzeige des Leichtathletikverbandes vom 2. August – ausgelöst durch den couragierten Hinweis der 17-jährigen Anne Kathrin Elbe – gegen Thomas Springstein im Bilde war. Beglaubigt ist allein, dass beider Reihenhaus in Gerwisch bei Magdeburg am 28. September 2004 auf richterliche Anordnung hin durchsucht wurde. Man fand Diverses – neben Injektionsbestecken, Kolben- und Einwegspritzen, gelagert in einem abgeschlossenen Schrank im Schlafzimmer, auch etliche Testosteronpräparate im Gemüsefach des Kühlschranks. Dazu Insulin, Wachstumshormone sowie Listen mit Vergabezyklen von Dopingmitteln. Im Arbeitszimmer wurde ein Computer konfisziert, mit zitiertem, regem Mailverkehr.

Springstein war klar, dass ihm ein Prozess ins Haus stand. Der Vorwurf: vorsätzliche Körperverletzung und Verstoß gegen das Arznei- und Heilmittelgesetz. Im Fall der Verurteilung musste er von einer bis zu zehnjährigen Haftstrafe ausgehen. Die dauerverletzte Grit Breuer wechselte am 1. Januar 2005 zu einem neuen Trainer, zu Frank Möller nach Potsdam. Wie würde er mit diesem malträtierten Körper umgehen können? War Training überhaupt möglich? Schon Ende Juni 2005 meldete er sich diesbezüglich zu Wort. In einem Interview sagte er, die Weltmeisterschaftssaison sei für beide notgedrungen beendet. Bei Grit Breuer sei ein Bandscheibenvorfall diagnostiziert worden. Daraus folge nun »die Konsequenz in Form von Ruhe«.

Die verordnete Konsequenz sollte etwas Dauerhaftes werden. Die zweifache »Sportlerin des Jahres« verabschiedete sich am 29. Dezember 2005 vom großen Sport. »Ich habe alles erreicht, was ich erreichen wollte. Ich will keinen Tag im Sport missen«, sagte Grit Breuer im brandenburgischen Bad Wilsnack in die Mikrofone. Nach Bandscheibenvorfall und Gelenkproblemen hielt sie die Zeit für gekommen, sich abzumelden. Sie mache Schluss mit der »ewigen Rennerei«. Nun plane sie Kinder und freue sich, denn im Januar beginne ihr anderes Leben. Der Abschied wirkte eilig. Sie gab noch ein paar flüchtige Küsschen in die Kameras und lachte das Lachen, für das man sie in den Stadien der Welt geliebt hatte.

Eine Woche nach Grit Breuers Karriereende begann am 9. Januar 2006 vor dem Amtsgericht Magdeburg der Prozess gegen Thomas Springstein. Er machte sich aufs Schlimmste gefasst. Nicht umsonst leistete er sich zwei Verteidiger mit besonderem Ruf: Johann Schwenn, der bereits Stasi-Chef Erich Mielke und dessen Kompagnon Markus Wolf vertreten hatte, und Peter-Michael Diestel, den letzten Innenminister der DDR. Beide versprachen, dem Prozess einen ganz eigenen Stempel aufzudrücken. Das gelang ihnen in bewährter Manier, ohne jedoch dem Coup der Staatsanwältin Angelika Lux wirklich etwas entgegensetzen zu können. Auf eigenen Antrag hin las sie aus dem spanisch-deutschen Mailverkehr zwischen Peraita und Springstein vor. Die Verlesung hatte Folgen.

Am 28. Januar 2006 erschien in der FAZ eine ganzseitige Seite zu Springstein und Repoxygen unter dem Titel »Das Gendoping-Zeitalter ist angebrochen«. Erstmals gab es einen dokumentierten Austausch über eine transgene Substanz, die kein Labor nachweisen konnte. Der mediale Aufschrei – auch international – war groß. Von Biomedica aus Oxford erfolgte das unmittelbare Dementi: »Wir stellen Repoxygen nicht her. Der Wirkstoff ist in unserem Kühlfach eingefroren.« Alan Kingsman, Gründer der Firma, sagte: »Wir haben keine realistische Chance gesehen, auf dem Weltmarkt den Wettstreit mit dem amerikanischen Unternehmen Amgen zu gewinnen, das einen enormen Absatz von künstlich hergestelltem EPO hat.« Gleichwohl räumte er ein, dass es »für jedes biochemische Institut einer guten Universität eine Leichtigkeit ist«, die Substanz herzustellen.

Deutsche Sportmediziner taten in der heftig ausschlagenden Debatte über transgenes Doping den neuen Grusel unisono als Gespenst ab. Das Risiko für den Athleten sei zu hoch, befanden sie schlichtweg, niemand würde es wagen, sich in solchem Maß zu gefährden. Auch aus anderen Bereichen der Gesellschaft kamen Stimmen, die ob des neuen Kapitels in der Dopinggeschichte eher abwiegelten. Höchstwahrscheinlich seien es nur Mutmaßungen. Springstein habe sich vermutlich nur erkundigen wollen und wohl deshalb von dem »neuen Repoxygen« geschrieben. Peraitas Zweitverweis wurde nie veröffentlicht.

Einzig die Einlassungen aus dem organisierten Sport selbst wirkten seltsam ungerührt. Richard Pound, Chef der WADA, sagte zum Fall Springstein: »Wir kennen das Mittel seit Jahren. Wir wissen, dass es existiert und dass es vielleicht schon eingesetzt wird. Wir werden rechtzeitig einen Test haben.« In einem Interview mit dem Chef des DOSB, Thomas Bach, äußerte dieser eine Woche nach Bekanntwerden des Gendoping-Szenarios: »Es war absehbar, dass sich Betrüger dieser Mittel bedienen würden. Deswegen hat mich die Nachricht nicht überrascht.«

Thomas Springstein musste nicht ins Gefängnis, sondern

wurde zu 16 Monaten auf Bewährung verurteilt. Das Gericht hatte zunehmend auf die Verkürzung des Verfahrens hingewirkt. Es sehe sich nicht gehalten, die Probleme des Sports zu klären, hieß es. Die Akten wurden ohne substantielle Klärung der Zusammenhänge kurzerhand zugeklappt. Peraita durfte von Spanien aus raunen, er kenne Springstein gar nicht und wisse auch nicht, warum sein Photo samt Hinweis, dass er Olympiasieger und Weltmeister betreue, als Aufmacher die Website eines Internet-Shops für Athleten-Kraftfutter ziere. Stunden später war der ihn betreffende Teil aus dem Netz genommen.

In einem Telefonat mit der Frankfurter Rundschau zum Thema Gendoping durfte sich Springstein Anfang Februar 2006 am Ende gar noch besorgt geben: »Es wird so viel Blödsinn geschrieben. Das ist unglaublich. Nur, weil irgendwo ein Aufsatz über Gendoping oder so bei mir gefunden wurde oder in E-Mails. Ich finde, das ist richtig fahrlässig. Was jetzt gemacht wird, ist ganz schlimm.«

»Was wir brauchen, ist ein gut funktionierendes Team, das uns hilft, unsere Kinder zu schützen«

Interview mit Nikolai Durmanow, bis 2007 Chef der Antidopingagentur Russlands

Durmanow wurde 1958 in Chabarovsk geboren und studierte am Medizinischen Institut für Biophysik in Moskau. Bis 1989 arbeitete er in der Raumfahrtmedizinforschung. Von 1989 bis 1993 war er Direktor der Biotech-Firma Bioservice, danach von Soyuzagromed. Zwischen 1996 und 2000 hatte er die Funktion eines wissenschaftlichen Direktors des staatlichen Zentrums für bakteriologische Forschung in Moskau inne, später des Nationalen Zentrums für Genforschung in Obolensk. Seit 1999 ist er Mitglied im Nationalen Olympischen Komitee Russlands und war 2004 bis 2007 Chef der russischen Antidopingagentur.

Hat es in Russland nach 1990 eine Aufarbeitung des sowjetischen Sportsystems gegeben?

Es gibt keine negative Einstellung zum alten sowjetischen Sportsystem. Ganz im Gegenteil: Die athletischen Taten dieser Zeit sind nun Federn, mit denen die Nation sich schmückt. Ich habe nie von kritischen Publikationen oder ernstzunehmenden Statements gehört, die den damaligen Sport zum Gegenstand gehabt hätten. Nun, von Zeit zu Zeit berichten Boulevardmagazine etwas darüber. Auf der nächsten Seite liest man dann Artikel über die sexuellen Abweichungen von Aliens, geheime Treffen von Hitler und Stalin in Sibirien und geklonte Dinosaurier. In diesem Kontext wirken diese Schicksale absolut frivol und rufen keinerlei Diskussion hervor. Viele sowjetische Trainer und Ärzte arbeiten weiterhin im Sport, sowohl in Russland als auch im Ausland. In den letzten 15 bis 20 Jahren haben schätzungsweise 700 bis 800 Topleute Russland verlassen, um in der ganzen Welt zu arbeiten.

Wie sind Sie eigentlich zu dem Job als russischer Antidopingbeauftragter gekommen?

Aus zwei Gründen. Der erste war, dass ich in der Raumfahrtmedizin gearbeitet habe. In Russland ist das der Bereich, wo üblicherweise neue Sporttechnologien – etwa Apparate, psychologische Tests, Erholungs- und Rehabilitationstechnologien – entwickelt werden. Zweitens bin ich Experte auf dem Gebiet der Gentechnologie und gentechnisch hergestellter Medizin, etwa Interferon, EPO usw. Vor zehn Jahren basierte das Doping auf EPO. Es bereitete uns und in Europa viele Probleme. Etliche Athleten starben. Mein Hauptanliegen war, Sportler und Ärzte so zu erschrecken, dass sie die Finger davon lassen.

Erst nach einer Weile wurde mir dann klar, dass die Dopingbedrohung im Land eigentlich gar nicht wahrgenommen wird, besonders nicht im Kindersport. Niemand wollte wirklich so etwas wie eine Antidopingpolitik. Der Salt-Lake-City-Skandal veränderte dann immerhin den Standpunkt der russischen Sportoffiziellen. Sie begriffen, dass Name und Prestige nichts sind, wenn die Medaillen von Drogen herrühren.

Hat es zu Ihrer Zeit als Antidopingbeauftragter Dopingklauseln gegeben? Wie war die Hierarchie in diesem Bereich?

Meine Amtszeit war von Dopingskandalen und Gerichtsverfahren zwischen Sportlern, Verbänden, Teams, Trainern und Sponsoren geprägt. Viele Menschen haben dabei ihren Job, ihr Geld, ihr Ansehen verloren. Für mich war es besonders schwer, den Ausschluss von 16-, 17-jährigen Jungen und Mädchen zu verwinden, für die der Sport die einzige Hoffnung gewesen war.

Das Geld für die Antidopingagentur kam aus dem Staatshaushalt. Ich war Regierungsbeamter und drei Jahre lang direkt dem stellvertretenden Vorsitzenden von Rossport unterstellt. Um die Wahrheit zu sagen: Keiner aus dem Olympischen Komitee oder aus irgendeinem Sportverband hat mich je gebeten, Schuldige laufen zu lassen oder Analyseresultate zu verschleiern. Es gab also keine schmutzigen Tricks. Niemand hat sich in die Planung der Dopingtests eingemischt. Der Mangel an qualifizierten und verlässlichen Antidopingleuten war mein größtes Handicap.

Wie viel Geld steht dem Antidopingkampf in Russland zur Verfügung?

Wir haben Öl und Gas. Deshalb spielt Geld für russisches Antidoping keine Rolle. In das Sportbudget werden Milliarden gepumpt. Nein, der Punkt ist ein anderer: Ich war immer willkommen, wenn ich Geld für neue Gebäude und Ausrüstung für Antidopinglabore brauchte. Aber wenn es um soziale Forschung oder Bildungsprogramme für den Kindersport ging, wurde es ziemlich schwierig. Ich musste darum kämpfen, dass solche Dinge nicht als Verrücktheiten wahrgenommen werden, sondern wichtiger sind als jede Dopingkontrolle.

2003 haben Sie in einem Interview gesagt: »Tausende arbeitslose Chemiker, ein unregulierter Arzneimittelmarkt und unzählige Talente, die mit dem Sport ihrem elenden Leben entfliehen wollen. Bei uns sind alle Voraussetzungen gegeben, um alles nur noch schlimmer zu machen.« Haben sich Ihre Befürchtungen bewahrheitet?

Ich denke nicht, schon weil uns die Globalisierung »zu Hilfe« kam. Was ist der Nutzen genetisch hergestellter Drogen in Russland, wenn man in China viel einfacher massenhaft Wachstumshormone, IGF-1 und Myostatin-Blocker bekommen kann? Was ist der Nutzen, noch kreativer zu sein, wenn amerikanische Websites detaillierte Beschreibungen von Designer-Steroiden plus Gebrauchstipps liefern? Darüber hinaus sind viele Drogen ja über offiziell registrierte und allgemein zugängliche Arzneimittellisten der internationalen Pharmariesen erhältlich.

Ende Januar 2008 hat es einen Skandal um eine Wiener Humanplasma-Firma gegeben. In den Medien hieß es, auch ein russischer Drogenhändlerring sei daran beteiligt.

Na kommt schon, Freunde, das ist nicht fair. Die westlichen Massenmedien lieben solche Themen wie arabische Terroristen, geheime chinesische Ökonomieprogramme oder auch die Russenmafia. Also gut, wie ihr wollt: Ihr habt eine Regierung, wir haben ein Regime. Ihr habt Wirtschaftspolitik, wir haben Expansion. Ihr kämpft für den Frieden, während wir mit unseren Saboteuren ringen. In den USA herrscht das schlimme Enron und hier in Russland gibt es das gute Yukos. Bei euch arbeiten die hochrespektierten pharmazeutischen Unternehmen und bei uns die ewigen Drogensyndikate.

Nein, bitte, dämonisiert den russischen Sport nicht! Wir sind keine Monster. Es gibt nichts Besonderes hier, sondern nur die ganz gewöhnlichen Probleme, wie in allen anderen Ländern auch. Na ja, kann sein, manchmal mit ein bisschen mehr von allem. Denn was wir hier wirklich haben, sind jede Menge draufgängerischer, gieriger, oft bildungsferner Leute, die alles machen und nehmen, um auch ein bisschen zu gewinnen: Wodka, Voodoo, aktive Chakras und eben auch Doping. Das ist Kapitalismus, liebe Kollegen, Kapitalismus.

Wie steht es um das Problem Gendoping in Russland? Wie ist der Stand der russischen Biotechnologie?

Der wunde Punkt bei Gendoping sind die Gentherapieprotokolle und die Vehikel für den Gentransfer oder die Modulation. Jede Studie braucht Hunderte, vielleicht Tausende qualifizierter Wissenschaftler für die reguläre klinische Forschung, aber auch für die Langzeitforschung. Das kann man nicht vernachlässigen. Um in diesem Stadium zu dopen, kann man entweder bereits produzierte Drogen verwenden oder versuchen, sie zu replizieren. Man braucht keine Superlabore für die Replikation. Die Hauptausstattung moderner Biotechnologie bilden vor allem Soft- und Hardware, und die kann von vielen Universitätslaboren angeboten werden. Sobald die Gentherapie in der medizinischen Praxis ist, ist auch Gendoping da. In den USA gibt es einige Gentechnologien, inklusive Repoxygen, die gebrauchsfertig sind.

Also noch einmal: Wie steht es um die Biotechnologie in Russland? Und wissen Sie auch etwas über die Situation in China?

Die USA dürften wohl in der Biotechnologie das Tempo noch einige Zeit angeben, aber nur, wenn die amerikanische Wirtschaft demnächst nicht zusammenbricht. Russland wird weiterhin seine Biotechnologie entwickeln, aber wir sind noch nicht zu großen autonomen Projekten in der Lage. Obschon Tausende von zukünftigen Experten in der Genetik und in der industriellen Biotechnologie in dem Moment studieren.

Was China betrifft, ist es in Sachen Biotechnologie längst führend, zuallererst in der Landwirtschaft. Kann sein, dass sie für Durchbruchsanleitungen, wie sie in den Genomics, Epigenomics, Proteomics, Metabolomics oder Nanotechnologien nötig sind, vielleicht noch jemanden brauchen, der ihnen den Weg zeigt.

Die Olympischen Spiele in Peking werden das Großereignis des Jahres 2008. China hat seinen Sport stark auf dem russischen Sportsystem aufgebaut. Wissen Sie, wie sich chinesische Athleten pharmazeutisch auf die Spiele vorbereiten?

Die Chinesen wissen alles über westliche Sportmedizin. Es gibt enorm viele Experten, alle auf höchstem Niveau, wegen ihrer Ausbildungen in den USA, Kanada, Australien und Europa. Wenn Sie nur auf die Sprachen achten, die in der Cafeteria eines amerikanischen Medizincollege an der Westküste der USA gesprochen werden, wissen Sie schon Bescheid.

Die Chinesen stellen alle Arten von Nahrungsergänzungsmitteln her. Das ist ein vollkommen unüberschaubarer Markt. Sie nutzen das gesamte verfügbare Know-how für Sporttechnik und sämtliche computerbasierten Systeme für Sportler. Ihre Wissenschaftszentren für Sportmedizin und die Vorbereitung der Athleten sind wirklich beeindruckend. Und da ist noch etwas: Es gibt anderthalb Milliarden von ihnen. Die beste Voraussetzung für eine starke Selektion, oder?

Waren Sie in letzter Zeit in China? Gibt es russisch-chinesische Kooperation vergleichbar der zwischen den Laboren in Peking und Köln?

Ja, es gibt eine formale Vereinbarung zwischen unseren Antidopingagenturen. Unsere Spezialisten besuchen das Pekinger Labor sehr häufig. Wir haben eine halbwegs angemessene Vorstellung von deren Fähigkeiten und Vorhaben. Ich selbst habe viele Jahre in China an unterschiedlichen Themen gearbeitet und die Leute da ziemlich gut kennengelernt.

Im Juli 2007 haben Sie Ihren Job als russischer Antidopingbeauftragter gekündigt. Warum?

Ohne Bildungsprogramme, zuallererst für Kinder und Jugendliche, ohne Sozialstudien, ohne nationale Massenmedienprogramme ist jeder Versuch einer Dopingkontrolle sinnlos. Wir brauchen in Russland ganz dringend eine starke öffentliche Ablehnung von Doping. Ehrlich gesagt, habe ich mich zunehmend schlecht dabei gefühlt, den Chefinquisitor zu spielen, der nur dazu da ist, die Ketzer zu fangen und sie dann in die Flammen zu werfen. Jetzt beschäftige ich mich damit, Antidopingprogramme für die Moskauer Sportschulen zu entwickeln, die dann auch im ganzen Land umgesetzt werden sollen.

Mit Erfolg?

Wir haben gerade ein spezielles Equipment in allen Moskauer Sportschulen installiert – Computerterminals mit vielen Informationen rund um das Thema Doping. Es gibt einen 24-Stunden-Service namens »Achtung! Doping!«. Ab Ende 2008 muss jeder Sportarzt in Moskau ein spezielles Antidopingexamen besitzen. Es gibt eine regelrechte Schlacht zwischen unserem Antidopingprogramm und den Prodopingseiten im Internet, ihren ganzen Chats und Foren.
    Sicher, ich könnte mir das Hemd vom Leib reißen und laut

herumschreien, am Ende in den Medien noch einen Haufen alarmierender Storys verbreiten. Wirklich, es gäbe genug über Doping zu berichten. Aber ich halte das für sinnlos. Das ist nur etwas für die bessergestellte Öffentlichkeit beim Abendessen. Nein, was ich brauche, ist ein gut funktionierendes Team, das uns hilft, unsere Kinder zu schützen. Wir brauchen gute und lang anhaltende Beziehungen zu den Massenmedien, zu den Offiziellen, zu Ärzten und Athleten. Das ist das Ziel.

Der italienische Schwarzmarktexperte Sandro Donati hat in seinem Bericht an die WADA Russland als riesigen Dopingmittel-Schwarzmarktproduzenten mit eigener Forschung bezeichnet. Wissen Sie etwas über systematische Forschungen in russischen Kleinstlaboren?

Ich bin mir bewusst, dass einige Substanzen aus Asien durch unser Land geschmuggelt werden, um irgendwo in Europa zu landen. Unsere nationale Drogenkontrollagentur versucht, mehr oder minder erfolgreich, dazwischenzugehen. Auf dem Markt geht es zwischen Europa, Nord- und Südamerika und Asien, wo es die größten pharmazeutischen Produktionen gibt, heftig zu. Wenn man auf einigen asiatischen Websites surft, sieht man, dass sie jede Menge Anabolika und genetisch hergestellte Drogen anbieten. Man kann sie mühelos bestellen. Unser Problem ist, dass die russischen Drogen generell sehr billig sind, besonders EPO. Es ist für alle zugänglich, die nierenkrank sind. Meine Kollegen haben russisches EPO bei Radfahrern in Frankreich und Spanien entdeckt. Und tatsächlich: Nur chinesisches EPO ist noch billiger.

Anfang Februar 2008 wurde die RUSADA als nationale russische Antidopingagentur gegründet. Bei uns war in den Medien von 2000 Kontrollen pro Jahr die Rede. Bisschen wenig, nicht?

Soweit ich weiß, soll die RUSADA zehn- bis zwölftausend Kontrollen jährlich durchführen. Das ist nicht wenig, aber auch nicht genug für Russland. Eine unabhängige Antidopingagentur führt allerdings nicht nur Dopingkontrollen durch. Sie muss eine große multifunktionale Organisation werden, mit einem professionellen Team an Bord. Unsere Experten reisen durch die Welt, um die Erfahrungen anderer Antidopingagenturen wie der USADA mitzubekommen. Ich hoffe, dass die RUSADA eine positive Rolle in unserem Sport spielen kann. Inschallah!

Ist das Amt des Antidopingbeauftragten erst mit Ihnen eingerichtet worden? Warum kommt die RUSADA gerade jetzt?

Ich war nicht der Erste, der diese Position innehatte, und bin auch nicht der Letzte. Ich wollte diesen Posten nur einfach nicht mehr haben. Im Grunde müsste man der RUSADA empfehlen, wie in Kanada ein vereintes nationales Antidopingtribunal zu installieren. Bisher waren wir nur ein loses Gebilde unterschiedlicher Interessen und Verfahren. Das vereinte Tribunal würde die armen Verbände von der überfordernden Aufgabe befreien, den Unterschied zwischen 6-alpha-Methyl-Androstenedione und 6-beta-Methyl-Androstandione herauszufinden und am Ende noch entscheiden zu müssen, was davon Doping ist und was nicht. Ich hatte schon vor ein paar Jahren vorgeschlagen, eine unabhängige Antidopingagentur in Russland aufzubauen. Ich weiß nicht, warum die Entscheidung gerade jetzt gefallen ist. Egal, immerhin kommt sie jetzt.

Welche Fristen gibt es in Bezug auf die Trainingskontrollen in Russland?

Wenn wir über Trainingskontrollen sprechen, dauert es je nach Arbeitsbelastung zwei bis sieben Tage, bis das Resultat kommt. So etwas wie *missed tests* gibt es, soweit ich weiß, bei uns nicht.

Wie stark sind die Interessen von Industrie und Wirtschaft im Sport? Finanziert Gazprom zum Beispiel Ihre Präventionsprogramme?

Ich habe keine Ahnung, ob Gazprom oder Firmen dieser Art vorhaben, Geld in Antidopingprogramme zu stecken. Wenn Sie mich fragen, rechne ich da eher mit lokalen Behörden und regionalen Budgets. Das ist jetzt mein Job, solche Geldgeber zu finden und dafür ein System aufzubauen.

Die nächsten Olympischen Winterspiele finden im russischen Sotschi statt. Wie sehen Sie die Wahl?

Die Wahl Sotschis bedeutet immerhin sechs wunderbare Jahre Sportparanoia in unserem Land, enorme Investitionen in Sportstätten, in modernes Sportmanagement und in die Massenmedien. Es geht um nationale Reputation und die Notwendigkeit, unsere Kinder zu zukünftigen Champions zu machen. All das mit Happy End. Aus Liebe zum Vaterland!

II WO IST REPOXYGEN?

5. Wenn Muskeln einen Wunsch frei hätten – Im Land der angewandten Fiktionen

Mein Maß für Erfolg ist, dass das IOC alles verbietet, was wir erfinden.

EIN DARPA-FORSCHER, NEW YORK TIMES, 2002

Der metabolisch dominante Soldat. Die Defence Advanced Research Projects Agency, kurz DARPA, offizielle Denkfabrik des Pentagons, hatte am 10. April 2008 zum großen Jubiläumsdinner geladen. Partner aus Industrie und Forschung, Medien und Politik, jede Menge Wissenschaftler aus aller Welt wie aus dem amerikanischen Militär waren nach Washington gekommen, um gemeinsam mit den beteiligten Forschern ein halbes DARPA-Jahrhundert zu feiern. Auf der Einladungsseite der Agenturenwebsite wurde wie zur Einstimmung noch einmal auf die eigene Mission verwiesen, von der es hieß, sie sei über 50 Jahre hinweg unverändert geblieben. Nach wie vor gehe es darum, »technologische Überraschungen zu verhindern und zugleich solche zu schaffen, mit denen man die Feinde schlagen kann«.

Und Überraschungen gab es in der Tat. Die Hightech-Forschungsbehörde, mit einem Jahresbudget von annähernd zwei Milliarden Dollar, hatte in der Vergangenheit einerseits vielfach zivile Grundlagenforschung mit wenig oder gar keinem militärischen Bezug gefördert, wovon das bekannteste – nach anfänglich ausschließlich militärischer Ausrichtung – sicherlich die Entwicklung des Internets sein dürfte.

Zugleich wurde die Agentur für eine Forschung bekannt, die der Welt regelmäßig den Atem raubte. Eine Ende der neunziger Jahre herausgegebene Broschüre über Projekte, die durch Agenturmittel zustande kamen, nennt zum Beispiel Technologien für Tomahawk-Raketen, Tarnkappenbomber oder auch das im Vietnamkrieg großflächig versprühte Entlaubungsmittel Agent Orange. In Afghanistan und im Irak wurde mit Mobilfunktechnologie gekämpft, die im Auftrag der DARPA entwickelt wurde.

Radikale Ideen, hohes Risiko und besondere Anwendungsnähe gehören zum Behörden-Image. So sucht die DARPA vornehmlich nach schwierigen, nicht nach einfachen Lösungen und unterstützt Konzepte, deren technische Realisierung zunächst unmöglich scheint. Investition in die Spitzenforschung und in einen Entwicklertypus, der in der Lage ist, sich außerhalb der Erde, besser außerhalb der Galaxie, zu denken – so will es die Unternehmenskultur. »Es ist wichtig, Visionen zu haben und die Chance zu besitzen, kühne Ideen auszuprobieren«, sagt ein Wissenschaftler der DARPA.

Bei der alljährlichen Präsentation neuer Projekte und Programme unter dem Label »Technology Fantasy« wurde unlängst auch ein spezielles militärisches Wunschsystem – eine digitale Kristallkugel, die in die Zukunft schauen könne – vorgestellt. In der Ausschreibung hieß es, dass das Programm »ein neues Schlachtmodell mit vielen möglichen Zukünften erzeugen und in intuitiver Form darstellen« könne. Der Kommandeur würde so den »Raum der möglichen Zukünfte erforschen, Was-wenn-Handlungen durchspielen und Optionen für Nebeneffekte und Fortsetzungen schaffen«. Das Ensemble möglicher Zukünfte erhielt in dem Konzept den Namen »Blitzkrieg«, da alle Berechnungen und Entscheidungen blitzartig schnell erfolgen sollten.

Vermutlich wird man mit Hilfe der Superkugel auch schon die anderen technologischen Wunder ausmachen können –

all die Roboterautos, ferngesteuerten Miniaturflieger und Cyborg-Insekten, die seit geraumer Zeit in der DARPA-Pipeline herumschwirren. Und sicher hat der digitale Optionskristall auch schon längst den neuen Soldaten im Visier, wie er sich komplett schlaf-, schmerz- und hungerlos über Wochen und Monate durchschlägt. Das Projekt »Der metabolisch dominante Soldat« gehört jedenfalls zu einer Reihe aktueller biotechnologischer Forschungsvorhaben, in die die Agentur seit Ende der neunziger Jahre investiert. Der Name des jungen Forschungszweiges lautet »Military Bioengineering«, sein Ziel: »Human Enhancing«, also Menschenoptimierung, bei der der Kämpfer der Zukunft mit Drogen, Genen und Mikrochips zum stahlharten, nimmermüden Cyborg-Übermenschen aufgerüstet wird.

Im ersten Projekt der engagierten Biotech-Reihe geht es dabei um nichts anderes als die Supernova der Schmerzbekämpfung. Schon zehn Sekunden nach der Injektion soll sie jegliches Schmerzempfinden ausschalten und den Effekt über eine Dauer von 30 Tagen halten. Vorbei die Zeit, da eine Schmerztablette zwei, drei Stunden – wenn man Glück hatte, eine Nacht lang – die schlimmste Agonie bezwingen konnte. Vollständige Schmerzfreiheit ist das Ziel, selbst wenn es um Schwerstverletzte geht. So fahnden die von der DARPA beauftragten Forschungszentren derzeit auch intensiv nach Substanzen, die den *shell shock* vermindern können. Mittels des Enzyms Acetylcholinesterase etwa, das das sogenannte Posttraumatische Belastungssyndrom beeinflusst und es dem versehrten Soldaten ermöglicht, trotz abgerissenem Arm weiterzukämpfen. Was im Fall von Akutverletzung oder Krankheit Linderung bedeuten wird, ist für den gesunden Körper durchaus ambivalent, denn ausgeschaltete Schmerzsensorien erhöhen wiederum die Risikobereitschaft.

Das zweite Bioengineering-Projekt »Hartnäckigkeit im

Kampf« zielt auf die rasche Wiederherstellung des verletzten Soldaten. Das Programm entwickelt eine spezielle Lasertechnologie, die in der Lage sein soll, in kürzester Zeit verletzte Knochenhaut, Bänder, Sehnen und Muskeln zu reparieren. Wofür die Natur Wochen benötigt, soll die neuartige Photomodulation binnen weniger Tage schaffen. Das Ganze erinnert unwillkürlich an die wundersamen »Star-Trek«-Helden. Ein aufgerissenes Heck? Die verletzte Schutzhülle? Eine Wunde? Man nehme den sogenannten Dermalregenerator und lasse die Laser wirken. Die Nähte schließen sich, Raumschiff und Helden sind wie neu. Man zieht weiter, unversehrt, in unendliche Weiten, »in Gebiete, die nie ein Mensch zuvor gesehen hat«.

Im dritten Themenfeld »Dauerhafte Leistungsunterstützung« geht es schließlich um das Ruhebedürfnis des Soldaten. Mit Hilfe diverser Programme wird er elektronisch in simulierten Schlaf versetzt, aus dem er in Sekundenbruchteilen wieder aufwachen kann. Weiterführende Projekte lassen Teile des Gehirns durch Schlafentzug abschalten, während sich der wache Bereich in der Zwischenzeit auflädt bzw. mittels neurologischer Drogen wieder fit gemacht wird. Formuliertes Ziel ist es hier, die natürliche Müdigkeit des Soldaten zu überlisten, damit er eine Woche lang 24 Stunden nonstop operationsfähig bleibt und im Kampf keinerlei physische und mentale Schwäche erleiden muss.

Das Projekt »Der metabolisch dominante Soldat« zielt darauf ab, die Arbeitsrate der internen Zellmaschinerie um ein Vielfaches zu erhöhen und vor allem Kraft und Ausdauer zu steigern. In Planung ist hier ein menschliches Powerpaket, das mit einem 150 Pfund schweren Rucksack dauerhaft laufen kann, bzw. ein Athletenkämpfer, der in olympischer Sprintgeschwindigkeit 15 Minuten lang rennt und dafür nur einen einzigen Atemzug benötigt. Der getunte Metaboliker würde bei optimiertem Zell-Arbeitspensum die ganze Palette von Ergänzungs- und Erholungsproteinen überflüssig machen können. Noch dazu wird er so eingestellt, dass trotz Extrembelastung keine Nahrungsaufnahme mehr nötig ist, da sonst die Gefahr bestünde, dass wertvolle Kampfzeit verlorengeht. Doch um welche Substanzen und Therapien handelt es sich, wenn die DARPA sich anschickt, eine neue Generation von Hightech-Soldaten mit Schwerstgepäck in die Wüste zu schicken?

Es liegt auf der Hand, dass Militärkonzepte mit Höchstetats nicht einfach nur exotische und extravagante Spielereien sind, sondern auch auf konkrete Umsetzung hin angelegt sind. Da sie vielfach im Verbund mit öffentlichen Forschungseinrichtungen in den USA und auch weltweit verwirklicht werden, ist die Möglichkeit baldiger ziviler Nutzung von Beginn an mitgeplant. Dabei dürfte das Modell des in jeder Hinsicht reparablen Kämpfers gerade auf Eliteathleten einige Faszination ausüben.

Man stelle sich die neue Methode der Photomodulation im Eishockey oder in den Football-Ligen vor. Selbst die härteste Attacke im Handball oder die fieseste Kopfnuss im Fußball könnten per Laserwelle umgehend behandelt werden. Die Vereinsmanager bräuchten keine Ausfälle mehr zu fürchten, denn die Athleten blieben immer unverletzt. Da sie völlig schmerzfrei spielten, würden sie sich nur noch Schlachten ohne Folgen liefern. Die Marathonläufer hätten ihre Supermetabolics intus und liefen nicht mehr nur 42, sondern gleich 4200 Kilometer ohne Pause durch.

Genetisches Enhancement. Das gesteigerte DARPA-Interesse an Körper- und Neuro-Enhancement kam nicht zufällig zeitgleich mit dem Aufstieg genetischer wie genomischer Forschung auf. Seit Crick und Watson 1953 die DNA entschlüsselten und damit das biologische Geheimnis des Lebens lüfteten, entstand rund um das Gen regelrechte Gründerzeitstimmung. Benötigte ein Labor vor zwei Jahrzehnten noch ein ganzes Jahr, um die Bauanleitung, die in einem Gen gespeichert ist, überhaupt zu dechiffrieren, ging es schon bald um die reale Möglichkeit, mittels gentherapeutischer Verfahren bisher tödliche Krankheiten auszuheilen oder sogar gänzlich zum Verschwinden zu bringen.

Diese Methoden waren medizinisch auf vielfältige Weise nützlich, hielten zugleich aber auch schnellen Einzug in die Forschung für industrielle Tierhaltung. Durch das Identifizieren und Selektieren von Genen würden überlegenere Rassen gezüchtet werden können. Schneller wachsende und besser schmeckende Schweine und Rinder standen in diesem Szenario mit gedrungenen Nacken und sagenhaften Schenkeln in den Ställen, wartend auf ihr nun auch immer rascheres Ende. Und plötzlich gab es auch signifikant schnellere Rennpferde, Windhunde und Traber. Das erste geklonte Pferd wurde 2003 in Italien geboren, ein zweites folgte 2005 an der texanischen A & M University. 2006 kam Clayton, der genetisch gedoubelte Nachkomme des legendären Champion-Rodeopferdes Scamper zur Welt. Dazu brauchte es vier Zuchtversuche, und die ganze Prozedur kostete immerhin 150 000 Dollar. Sogar Claytons Schnauben sei wie das des Originals, meldete die Klonbesitzerin Charmayne James verzückt. Clayton musste zwar keine Rennen bestreiten, doch die Idee dieses teuren Unterfangens dürfte trotzdem Schule machen: Die DNA eines Stalls wird zum Schlüssel seines Erfolgs, da beste Gene sichere Wetten garantieren.

Craig Venter, US-Forscher und Gründer des Institute for Genomic Research, später des Unternehmens Celera Genomic, präsentierte am 26. Juni 2000 eine Arbeitsversion des ersten entschlüsselten menschlichen Genoms. Keine acht Jahre später, Ende Januar 2008, überraschte er die Welt damit, in seinem Labor ein Bakterienchromosom nachgebaut zu haben. »Mit der Herstellung von künstlichem, beliebig konfigurierbarem Erbgut steht jetzt die Tür offen, Zellen mit ganz bestimmten Eigenschaften zu erschaffen«, sagte er. Den Weg von der Dechiffrierung menschlichen Erbgutes bis zur Erschaffung neuer Formen von Leben nahm Venter wie im Sprint. Noch 2008 will der so ehrgeizige wie umstrittene Visionär der Öffentlichkeit als nächsten Schritt zeigen, dass Zellen durch künstliches Erbgut auch tatsächlich gesteuert werden.

Angesichts des rasanten Forschungstempos bei der Optimierung des Menscheninneren – von Zellen, Genen, Nerven – bis hin zur nahenden Labornatur haben wir Mühe, mit unseren ethischen Diskursen anschlussfähig zu bleiben. Das Ganze wird dadurch nicht einfacher, dass hier recht unterschiedliche Denktraditionen aufeinander abgestimmt werden müssen: angelsächsische mit südkoreanischen, japanische mit kontinentaleuropäischen. Die etwas unübersichtliche Diskussion greift mit Blick auf die ungeklärten Forschungsrisiken, auf Schlagworte wie Begrenzungspessimismus und Freiheitsgefährdung zurück, aber auch auf die Angst vor Drittwirkung oder mit Jürgen Habermas auf einen »Paternalismus eigener Art«, der »eine nicht revidierbare Weichenstellung für Leben und Identität einer anderen Person« vornehmen würde.

In den USA, die das Tempo in Sachen Gentuning vorgeben, bestimmt – trotz Bürgerinitiativen, die eine kritische Forschungspolitik fordern – der Pragmatismus das Diskursgeschäft. So verlangte der Bioethiker James Hughes eine »positive Haltung gegenüber dem technischen Fortschritt« und erfand dafür ein eigenes Label, den »Cyborg Citizenship«. Bei Hughes' »Idee von Demokratie« geht es nicht mehr um den Menschen, sondern um Personen und so – nach seiner Definition – um »alle Lebensformen mit Selbstbewusstsein«. Darunter versteht er »herkömmliche« und transhumane Menschen, Hybride, Klone, intelligente Roboter oder auch »verbesserte« Tiere. »Personen müssen keine Menschen sein«, meint er, »und nicht alle Menschen sind Personen.«

Die breite Diskussion über das, was der Medienwissenschaftler Norbert Bolz das »neue posthumane Paradies« oder Sloterdijk trocken die »nachchristliche Zivilisation der neuen Grausamkeit« nennt, kreist im Kern um einen Naturbegriff, der die biotechnische Neuerfindung des Menschen in irgendeiner Weise zu integrieren sucht.

Es ist paradox: Wir sind erpicht auf genetisch frisierte Körperteile und wünschen aber zugleich, dass die vitale Naturwüchsigkeit des Menschen erhalten bleibt. Beunruhigend an den Visionen der Neuen Ethik ist, dass sie einen Fortschrittsgedanken weiterschreiben, den der Zivilisationsbruch Mitte des letzten Jahrhunderts bereits aufs äußerste diskreditiert hatte.

»Ich bin der Ansicht, dass es unsere Verantwortung ist, selbst zu entscheiden, wer wir sein wollen, und jene technischen Mittel einzusetzen, die uns dabei helfen, so zu werden. Altersschwache Teile des Körpers werden gegen selbstgezüchtete Organe ausgetauscht«, prophezeite der amerikanische Körperdesigner Max More. »Ein Chip im Hirn wird die Emotionen regulieren. Die Muskeln werden durch Nanofasern verstärkt.« Es geht ums Ganze. Die Philosophie des unbegrenzten Ersatzes entgrenzt den Umgang mit dem Körper. Was verschlissen ist, wird ersetzt und wie selbstverständlich besser gemacht, Biotechnologie sei Dank. Die nicht mehr alternde Gesellschaft antizipiert durch invasive Technisierung einen Körper, der nicht mehr älter wird. Was einmal Leib war, wird eine rein technische Angelegenheit, was einmal Leben war, etwas durch und durch Quantifizierbares.

Es liegt auf der Hand, dass eine machtpolitisch dubiose Wissenschaft in all ihrem Horizonterweiterungswunsch auch nach dem Sport greifen wird. Zumindest ist sie dabei, Tatsachen zu schaffen und eine Dynamik zu initiieren, die unmittelbaren Einfluss auf neue Körperpraktiken im Sport haben wird. Für die unabsehbare Reise ins Land der Über-Athleten wird sie kräftig unterstützt durch die gewollte Unwissenheit des Sports selbst. Erfolg, Rekord, Glamour? Das Geschäft hat zu laufen. Wie? Man sieht Ärzte, Trainer, Manager, Sponsoren, Offizielle, Athleten mit den Schultern zucken: Besser, man hält sich gegenseitig im Ungefähren, besser, man weiß es nicht so genau.

Johann Olav Koss, ehemaliger norwegischer Eisschnellläufer, dreifacher Olympiasieger und Physiker, weiß stattdessen um die hohe Anfälligkeit des Elitesports für chemische Leistungssteigerungen: »Die Gentechnologie beschleunigt sich, und sie beschädigt den Sport. Wir müssen realistisch sein. Klar ist, dass das nicht nur ein Problem des Sports ist, sondern eine allgemeine, ethische Fragestellung.« Als ehemaliger Athletensprecher im IOC gehörte Koss zu den Stimmen, die seit Gründung der WADA im Jahr 2000 auf die neue Dopingära aufmerksam machten.

Doch wie kann man etwas fixieren, was noch nicht klar umrissen ist? »Du weißt, was Pornographie ist, wenn du sie siehst«, sagte Richard Pound, bis 2007 Chef der WADA, auf die Frage, woran er Doping erkenne. Ihm war die Dimension des Gendoping-Problems von vornherein klar. Die WADA musste einen Balanceakt hinlegen, nämlich sowohl Hysterie als auch die bis dahin übliche Banalisierung des Dopingthemas zu vermeiden. War Gendoping bis dahin ein Phantom? Und würde es der WADA diesmal gelingen, den zeitlichen Vorsprung der Doper auszubremsen? »In den siebziger, achtziger, neunziger Jahren ist die Sache mit dem Doping vollkommen eskaliert«, sagte Pound. »Immer sind wir hinterhergehechelt. Bei dem neuen Ansatz aber wollten wir von vornherein dabei sein.« Es spricht für den Realitätssinn der

WADA, Gendoping am 1. Januar 2003 auf die Liste verbotener Methoden gesetzt und zudem etliche gutdotierte Forschungsprojekte zu dem Thema ins Rollen gebracht zu haben.

He-Man & Kollegen. Was die Ankunft des Über-Athleten betrifft, erhellt möglicherweise der Blick in das dunkle Untergeschosslabor im Medical Center der University of Pennsylvania in Philadelphia, womit wir es zu tun bekommen. Der Physiologe Professor Lee Sweeney, Leiter des Labors, forscht dort seit über zehn Jahren nach Therapieoptionen für Muskeldystrophie, Krebs und Immunschwäche. Im Lauf der Zeit hat er sich eine ganz ansehnliche Truppe aus athletischen Nagetieren herangezüchtet, außerdem äußerst erstaunliche Fliegen, Hunde und Affen.

Mitten in diesem kuriosen Zoo lebt He-Man, eine weiße Maus mit dickem Nacken und massigen Lenden, die in ihrem Käfig endlos am Rad dreht. Ein ermüdungsfreies Kraftpaket aus bizarrer Muskulatur. Versucht man, den Mäuserecken von einer Stange im Käfig zu lösen, hält er sich störrisch an ihr fest. Aber was ist mit He-Man? »Ein Virus hat ein künstliches Gen in seine Muskeln geschleust. Dort kann es große Mengen des Wachstumsfaktors IGF-1 bilden, das wiederum die Reparatur der Muskeln anregt. Selbst ohne Training ergibt das einen Muskelzuwachs von 15 bis 20 Prozent, mit Training zwischen 40 bis 60 Prozent.«

He-Man ist dadurch in der Lage, das Dreifache seines Körpergewichts durch die Gegend zu schleppen. Wird er zu einer Art Krafttraining animiert, verdoppelt sich das Muskelwachstum am manipulierten Bein noch einmal. »Um die Muskeln eines Sprinters stark zu machen«, sagt Sweeney, »würde ich das gesamte Bein isolieren und einen Virus implantieren. Der Virus wäre effizienter als alle Injektionen.« Geht das?, wird er gefragt. Die Antwort: »Ich weiß nicht, dass es nicht passiert.«

Der Professor ist sich über das immense Interesse an dem, was seine Labortiere so tun, durchaus im Klaren. Allein 300 000 deutsche Patienten leiden an Muskelschwund. Für sie könnte die Therapie Rettung bedeuten. »Wir müssen die Genüberträger verbessern, aber auch wie man Gene zuführt, ohne Immunreaktionen herbeizuführen. Wenn man da nicht sorgfältig vorgeht, zerstört die Immunreaktion alle applizierten Gene und führt unter Umständen gar zu Krankheiten«, weist Sweeney auf die Probleme im Umgang mit indizierten Viren und verpflanzten Genen hin. »Wir testen die Immunprobleme momentan an Hunden, denn Mäuse sind zu einfach: Ihr Immunsystem stößt die Überträger nicht ab. Und sie leben nur zweieinhalb Jahre, nicht lange genug für Langzeitbeobachtungen. Bei Hunden müssen wir, wie es bei Menschen nötig wäre, das Immunsystem vor und nach dem Gentransfer unterdrücken, bis der Überträger verschwunden ist.«

Als Lee Sweeney Ende 1998 der Öffentlichkeit erstmals seine Entdeckung mit der Genspritze und 2004 dann mit muskelbepackten Ratten vorstellte, meldeten sich kurz darauf neben Dystrophiepatienten scharenweise Trainer und Athleten. Ein Trainer fragte an, ob man nicht sein gesamtes minderjähriges Fußballteam mit den neuesten Genverfahren »hochspritzen« lassen könnte.

Wachstumshormone als Reinsubstanz ohne Virus kamen 1985 auf den Markt und das insulinähnliche IGF-1 erfreute sich bald größter Beliebtheit. Es mauserte sich zum Universalschmiermittel für den Körper. Mittels massiver Internetbewerbung versuchte man im Pharmahinterland, es zu einer quasilegalen Substanz der Nahrungsergänzungsindustrie darzustellen. Und es sieht auch so aus, als sei das gelungen. Doch Sweeneys forcierter Muskelpump durch Einmalinjektion und völlig ohne Training? Die Verlockung für die Sportszene war immens.

Das Interesse am neuesten Gendesign hielt schon deshalb an, weil die Forschung unentwegt nachlegte. Am 4. Dezember 2001 hatte das US-Patentamt den Wissenschaftlern Gregory Podsakoff und Gary Kurtzman das Patent mit der Nummer 6 325 998 auf ein Verfahren erteilt, das durch Veränderung der DNA die EPO-Produktion dauerhaft erhöhen konnte. Die Methode war denkbar einfach: Da künstliches EPO technisch ohnedies bereits durch Genmanipulation hergestellt wurde, konnte man den Körper auch gleich selbst – wiederum mittels Virenschleuse – manipulieren, damit er von sich aus mehr EPO erzeuge. In Bezug auf das neue, genmodulierte EPO gab es verschiedene Lesarten. Für die einen war es klar ein Fall von Gendoping, andere winkten nur ab: EPO ist EPO, und die EPO-Familie ist nun mal groß.

Fast zeitgleich mit Sweeney hatte der Molekularbiologe Se-Jin Lee von der Johns Hopkins University in Baltimore Ende der neunziger Jahre auch seine Muskelforschung an Mäusen vorgestellt. Dabei war er einen ganz anderen Weg gegangen. Er fand heraus, dass Mäuse, denen das Eiweiß Myostatin fehlt, zu überdimensionalem Muskelwachstum in der Lage sind. Lee weitete seine Forschungen aus und entdeckte, dass bei myostatinarmen Mäusen, die ohne das Eiweiß Follistatin klarkommen müssen, ein noch stärkerer Wachstumseffekt besteht. Am Ende hatten die Mäuse viermal mehr Muskeln als unmanipulierte Labormäuse.

Lee züchtete nach der Follistatin-Erkenntnis in einem nächsten Schritt gentechnische Mäuse, die von vornherein kein Myostatin bildeten, dafür aber besonders viel Follistatin. Er nahm an, dass es gar keine Wirkung ausbilden könne, weil kein Myostatin vorhanden sei. Doch das Gegenteil war der Fall. »Zu meiner Überraschung und Freude stellte ich einen Verstärkungseffekt fest.« Die Follistatin-Mäuse hatten gegenüber unbehandelten Tieren 117 Prozent dickere Muskelfasern und insgesamt 73 Prozent mehr Muskelfasern. »Die

ɔnisse zeigen, dass die Möglichkeiten der Förderung von
ɨkelwachstum größer sind als bisher angenommen«,
e Lee über seine Entdeckung.

ls Richard Hanson vom Biomedizinischen Institut der
ɘ Western Reserve University in Cleveland im Jahr 2007
n schließlich seine He-Man-Version vorstellte, dürften
technisch aufgeschlossene Athleten einmal mehr ent-
ɡt gewesen sein. Hanson hatte 500 Jungtiere mit einem
ɪs-Gen-Gemisch gespritzt, die sich in adultem Alter als
ɔlute Spitzenmäuse entpuppten: »Unglaublich, was in
Käfigen los ist. Die Mäuse hüpfen wie Popcorn Tag und
ht auf und ab«, meinte Hanson. Seine He-Männer liefen
ɪsmal so lange wie normale Labormäuse, obwohl ihre
zfrequenzen sehr niedrig waren. Sie lebten doppelt so
ɡe, waren vor Fettleibigkeit geschützt, sexbesessen und
n doppelt so viel wie ihre gewöhnlichen Artgenossen.

Die Tiere sind in einer physischen Verfassung wie Lance
Armstrong zu seinen besten Zeiten.« Was auch immer der
Biochemiker damit andeuten wollte, seine Superathleten
waren ausnahmslos das Ergebnis genetischer Manipulation.
Auf der Suche nach der Wirkung eines Gens, das auch beim
Menschen vorhanden ist und das Enzym PEPCK-C steuert,
nahm man den bewährten Weg des Kuckuckseis – eine Virus-
fähre – und schleuste die Injektion direkt ins Innere einer
Eizelle. Das Enzym, das eine Schlüsselrolle sowohl im Zucker-
als auch im Fettstoffwechsel des Körpers spielt, zeitigte eine
derart starke und unmittelbare Wirkung, dass Hanson abermals überrascht war: »Die PEPCK-C-Spritze könnte jeden
Menschen auch in hohem Alter noch aussehen lassen wie
einen Athleten – selbst wenn er viel isst und gar nicht trainiert.« Muskeln, die langsamer müde werden, sich schneller
regenerieren, Zellen mit erhöhtem Energieumsatz und gesteigerte Sauerstoffaufnahme bei nur einer einzigen Veränderung eines Enzyms?

Die Gentherapie hat bisher in klinischen Versuchen bei Menschen kaum je gehalten, was sie im Tiermodell versprach. Dennoch braucht man kein Prophet zu sein, um in experimentellen Schritten dieser Art und in der nachgereichten wissenschaftlichen Literatur die Matrizen für den kommenden Einsatz im Sport zu lesen.

Zeitgemenge. Ein Beitrag in einem australischen Wissenschaftsblatt berichtete im April 2004 von ersten gentherapeutischen Praktiken auf einem völlig unregulierten Chemiemarkt: Sweeneys Muskeltherapie war offenbar sofort auch in Russland angelandet. Seitdem erreichten dortige offizielle Forschungslabore routinemäßige Anfragen, ob sie Interesse an genetischen Methoden zur Leistungssteigerung hätten. Der Markt war lukrativ, denn die Methoden waren noch teuer. Darüber hinaus wurde bekannt, dass russische Kliniken mit Stammzellentherapien warben, um Muskelschwund zu behandeln. Doch auch in anderen Ländern regte sich auf dem Feld der leistungssteigernden Gene mit einem Mal Interesse: So wurden und werden vor chinesischen Sporteliteschulen nicht nur massenweise Steroide und Wachstumshormone verkauft, sondern auch jede Menge Myostatin-Blocker.

Nachdem in Springsteins Mail vom 8. Oktober 2002 der Begriff Repoxygen aufgetaucht war, schien der Vorsprung, den die WADA durch ihr Gendoping-Verbot zum 1. Januar 2003 errungen haben wollte, mit einem Mal kassiert zu sein. Folgte man der Magdeburger Aktenlage, hatte es diesen Zeitvorteil nie gegeben. Immerhin konnte die Agentur damit punkten, dass die Medien über ihre Maßnahmen in puncto Gene ausführlich berichtet hatten, so dass die zeitliche Koinzidenz kurzerhand unter den Tisch fiel.

»Jeder Chef einer nationalen Antidopingeinrichtung und jeder Leiter eines Antidopinglabors weiß mehr delikate und interessante Details aus seinem Bereich, als er öffentlich sagen wird«, meinte Nikolai Durmanow, bis Sommer 2007 Chef der russischen Antidopingbehörde. Vielleicht war es dieses delikate Material, das die WADA trotz »Hinterherhechelei« nicht müde werden ließ, einen ganzen Maßnahmenkatalog gegen Genmanipulation im Sport aufzustellen. Schon im März 2002 berief sie unter dem Titel »Genetische Leistungssteigerung bei Athleten« eine erste Krisenkonferenz ein. Dass sie in Cold Spring Harbor stattfand, war in dem Zusammenhang kein Zufall. Am Long-Island-Laboratorium für Genetik, einer der wichtigsten Forschungseinrichtungen in den USA, hatten Crick und Watson 1953 ihre DNA-Doppelhelix präsentiert. Eine Generation später halfen Genetiker des Laboratoriums bei der praktischen Umsetzung und zeigten, wie RNA-Verbindungen funktionieren. Eine Forschung, die in direkter Linie zu genetisch hergestellten Drogen führte und wiederum auf kürzestem Weg den Sport erreichte.

Ted Friedman, Genetiker und Konferenzorganisator, trug dieser Tatsache Rechnung und äußerte gleich zu Beginn des Banbury-Workshops: »Ich bin sehr besorgt darüber, dass die wissenschaftliche Gemeinschaft sich nicht darüber im Klaren ist, wie die Gentransfer-Methoden funktionieren, die einerseits so viel Gutes bewirken könnten, aber andererseits für den Athleten eine gefährliche Versuchung sind.« Die Zweifel über den tatsächlichen Stand der Dinge konnten in der 40-köpfigen Fachgemeinde nicht recht ausgeräumt werden. Darüber hinaus ging es um eine klare Trennung zwischen Heilung und Missbrauch. Doch wo läge die Grenze etwa zwischen Wiederherstellung der Gesundheit und reiner Leistungssteigerung? Was ist natürlich und was unnormal? Und warum sollten nur die im Vorteil sein dürfen, die eine günstige genetische Disposition hätten?

»Ben Johnson wird ein vorsintflutlicher Recke gewesen

sein im Vergleich zu den Athleten, die die Gentechnologie hervorbringen wird«, sagte Richard Pound. Der damalige WADA-Chef verwies darauf, dass es bereits 2002 mehr als 500 aktive gentherapeutische Studien gegeben habe, inklusive klinischer Versuche, und etliche Therapien am Rande der staatlichen Zulassung zum Einsatz gekommen seien.

»Warum sollte jemand Stimulanzien und Steroide verwenden, wenn er auch genetisch veränderte Drogen und Therapien nutzen kann, die nicht nachweisbar sind?«, fragte Charles Yesalis, Endokrinologe und Dopingexperte von der Penn State University. »Wenn direkte Injektionen gegeben werden, wird die veränderte DNA nur in diesem spezifischen Muskel präsent sein«, ergänzte Peter Schjerling vom Kopenhagener Muskelforschungszentrum. »Ein positiver Test würde erforderlich machen, dass man die Probe direkt aus dem Muskelgewebe nimmt. Und die Entnahme müsste exakt an derselben Stelle erfolgen wie die Injektion. Welcher Athlet würde das zulassen?«

In kleiner Runde verständigte man sich in New York darauf, dass Gendoping-Experimente die Sportgen-Tester bald vor fast aussichtslose Probleme stellen würden. Und plötzlich stellten sich viele Fragen: Was könnten eventuelle Referenzwerte sein, wenn die menschlichen Genkarten eher bewegte Meere als feste Straßen und Wege abbildeten? Wäre die Identifikation eines bestimmten Genexpressionsmusters eine Ausgangsbasis für den notwendigen Test? Wie könnte man gerichtsfeste Kontrollen ins Leben rufen, wo doch der Mangel an Routine im Bereich der gentherapeutischen Diagnostik eklatant war?

Der zweite Gipfel zum Gendoping fand im Dezember 2005 in Stockholm statt. 60 Experten aus 15 Ländern kamen zusammen und einigten sich auf eine Erklärung in sieben Punkten, die zwar einerseits das einzigartige Potential der Gentherapie betonte, zugleich aber auf die »Risiken des noch sehr vagen Feldes der Humanmedizin« hinwies. Die WADA wurde beauftragt, »klare Sonderregelungen zu verabschieden, die eine Unterscheidung zwischen erlaubter Gentherapie bei Krankheiten und verbotenem Gendoping zur dauerhaften Leistungssteigerung« möglich mache. Lee Sweeney referierte über die biomedizinischen Fortschritte des Gentransfers und hielt den Finger auf den wunden Punkt, indem er darauf verwies, dass »Nachwuchswissenschaftler aus den forschenden Laboren die Chance wahrnehmen, draußen ihr Wissen gegen gute Bezahlung zwar illegal, aber lukrativer einzusetzen«.

Für diese Lücke im Verfahren brauchte die WADA eine Lösung. Aber es gab keine. Wenigstens legte sie fest, Dopingproben künftig acht Jahre zur Nachuntersuchung aufzubewahren, so dass sie später bei begründetem Verdacht mit neuentwickelten Verfahren abermals analysiert werden könnten. »Betrüger dürfen sich nie sicher sein, nicht Jahre später noch wegen Dopings disqualifiziert zu werden – das ist eine großartige Abschreckung«, verriet Jacques Rogge, Präsident des Internationalen Olympischen Komitees, während des Abschlusstreffens im Nobel Forum des Karolinska Instituts zu Stockholm und glaubte sich somit für das Kommende gerüstet.

»Wir wissen, dass Athleten und Trainer nur darauf lauern, mit Gendoping zu arbeiten«, resümierte Ted Friedman, Vorsitzender der Gendoping-Kommission der WADA. »Nur wann und wo das zum ersten Mal geschieht, weiß niemand genau zu sagen.«

6. Geschichten vom neuen Körperset – Die Welt des Gendopings

Wenn die Dinge außer Kontrolle geraten,
könnte es eine athletische Freak-Show geben.
CHARLES E. YESALIS, ENDOKRINOLOGE
UND DOPINGEXPERTE, 2003

Die EPO-Ära. Seine Karriere, die in großen Teilen klammheimlich verlief, war frappierend: Nachdem Erythropoetin, als EPO bekannt, ein Hormon, das das Knochenmark stimuliert, damit dieses mehr rote Blutkörperchen bildet, 1983 als humanes EPO-Gen isoliert werden konnte, kam es bald in den Sport, hauptsächlich in die Ausdauersportarten. Die Folgen waren nicht selten verheerend. Zwischen 1989 und 1992 starben sieben schwedische Orientierungsläufer, auf ungeklärte Weise, wie es hieß. Herzanomalien, ein Virus, verstopfte Ionenkanäle? Die Öffentlichkeit stocherte im Nebel. Die Familien schwiegen.

Als sich das Sterben unter jungen Radfahrern fortsetzte – allein zwischen 1987 und 1990 fanden 18 belgische und niederländische Akteure den Tod –, wurde die Szene unruhig. Was auch immer die Gründe für die mysteriösen Tode sein mochten: Die Athleten wollten leben und forderten ein Limit, das sie vor dem Tod bewahrte. Ein Hämatokrit-Wert – der den Anteil der roten Blutkörperchen im Volumen des Blutes bezeichnet – nicht höher als 50 bei Männern und 47 bei Frauen wurde die Richtschnur. Damit konnte man erst einmal weitermachen. Nachdem klar war, wie die Droge zu handhaben sei, dauerte es nicht lange, und EPO breitete sich unaufhaltsam im Fitnesssport aus. Wer wollte nicht ein bisschen leichteres Blut haben, ein bisschen wacher im Hirn sein, ein bisschen fitter durch den Alltag kommen? Die Droge boomte, bis heute, da sechsmal mehr EPO gespritzt wird, als es Nierenkranke gibt. Mittlerweile zählt die Allzweckwaffe mit ihren Weiterentwicklungen Mircera und DynEPO zu den zehn weltweit erfolgreichsten Medikamenten. 2007 wurden EPO-Substanzen im Wert von 18 Milliarden Dollar umgesetzt.

Der Siegeszug des begehrten Hormons wurde nicht zuletzt durch die Gentechnologien ermöglicht, die seit über 20 Jahren – rEPO seit 1984 – zur Anwendung kommen. Indem sie manipulierte Gene in Säugerzellen einsetzte, produzierte die neue Industrie rekombinante Drogen, das heißt Substanzen, die quasi von verbindenden Fragmenten der DNA, aber aus unterschiedlichen Organismen entwickelt wurden. Ihr Vorzug: Die Rekombinanten waren um ein Vielfaches sicherer als synthetische Drogen. EPO, GH, IGF-1 und Insulin – die Schlager der modernen Dopingwelt – wurden bald zur Gänze mittels der neuen Methode und jeder Menge Nierchen Chinesischer Streifen- und Syrischer Goldhamster hergestellt.

Die epidemische Ausbreitung von EPO im Sport wurde jahrelang geahnt und hie und da von wachen Sportjournalisten auch beschrieben. Doch als höchst ausdifferenziertes, effektives Netz wurde das EPO-System erst durch die zahlreichen Geständnisse der deutschen Profiradfahrer 2007 ansatzweise erkennbar. Bei aller Aufregung wurde nicht erörtert, dass der massenhafte Einzug von rekombinanten Drogen in den Sport ganz nebenbei auch der erste Schritt zu genbezogenem Doping war.

13 Jahre brauchte es, bis es einen halbwegs funktionierenden EPO-Test gab. Aufgrund der permanenten Weiterentwicklungen der Substanz bis hin zu den heutigen Bio-

similars blieb er unsicher. Im Testfall konnten die Athleten schnell noch ordentlich Wasser trinken, ein paar Reiskörner unter den Urin halten, mit irgendwelchen Farbpulvern hantieren, diese und jene Mikrodosierung gegensteuern, Substanzen wie Rapamycin oder den Inhibitor HCP dazupacken, einen *missed test* veranstalten oder sich wer weiß was einfallen lassen. Trotz Hunderter höchst engagierter Laborforscher, trotz vieler Millionen Euro Fördermittel, trotz aller Anstrengungen und der politischen Einsicht, dass mehr Mittel in die Dopinganalytik zu stecken seien, ist eines nicht von der Hand zu weisen: Die Tests bringen *so* de facto nichts.

Das hat nicht nur damit zu tun, dass die Anzahl der konventionellen Dopingstoffe komplett unüberschaubar geworden ist, und auch nicht damit, dass es jede Menge Maskierungsstoffe, gänzlich unbekannte Substanzen wie nicht zugelassene Medikamente gibt. Für zahlreiche Stoffe, die derzeit im Elitesport illegal zum Einsatz kommen, existieren schlichtweg noch immer keine gerichtsfesten Tests: Das Wachstumshormon HGH, des Öfteren durch Razzien sichergestellt, lässt sich zwar theoretisch nachweisen, jedoch nur in einem Zeitraum von 24 bis 48 Stunden nach Einnahme. Es existiert demnach – trotz langjähriger Inaussichtstellung – noch immer kein in der Praxis einsetzbares Testverfahren für Wachstumshormone. Selbst mit den ursprünglich klassischen anabolen Steroiden gibt es vermehrt Nachweisschwierigkeiten. So wurde das Designer-Steroid THG erst nachweisbar, als man einem Labor ein Präparat zuspielte. Es fiel bis dahin, da es unbekannt war, komplett durchs Analyseraster. Zu den unsicheren EPO-Nachweisen gehört, dass EPO mit Eigenblut noch immer nicht nachweisbar ist, von Insulin-, Gendoping- oder synthetischen Hämoglobin-Nachweisen ganz zu schweigen. Legt dieser Zustand den Schluss nahe, dass alles, was im Sport wirkungsvoll ist, nicht kontrolliert wird?

Die risikofreien, in Tests nicht mehr fixierbaren Chemie-Cocktails eines komplett eingestellten Athleten demonstrieren die strukturelle Schieflage in diesem Bereich. Der Athlet alter Schule, der sich im Stillen seine Steroidtablette einpfiff, ist Schnee von gestern. Im Probelauf ist ein mittels Chemie und Technik zusammengeschalteter Körper, bei dem Doping zur Grundausstattung geworden ist. Auf dem Weg dahin ist die komplexe Pharmawelt zu einer Welt für Spezialisten geworden. Nicht umsonst rekrutieren Eliteathleten heute immer häufiger einen Chemiker in ihr Team oder werden – wie die Fahrer des Team Telekom in Freiburg – in supermodernen Spitzenlaboren nachhaltig aufgebaut. Der Unterschied zur Welt des Sports in den siebziger Jahren könnte nicht größer sein und besteht vor allem darin, dass Doping heute nicht mehr als klassische Übertretung aufgefasst werden kann. Doping ist zum System selber geworden: keine Trainingsphase ohne Chemie, im Giftköcher so ziemlich alles, was den Muskel animieren könnte, und die drei großen Dopingären – Steroide, Blutdoping und Gentechnik – simultan in einem einzigen Körper vereint.

Um Millionen von Fans bei Laune zu halten, beschwört der vermeintlich autonome Sport mit routinierter Scheinheiligkeit neueste, immer bessere, ja völlig unhintergehbare Testverfahren. Thomas Bach, Chef des DOSB, meinte Ende 2007 in einem »Zeit«-Interview: »Bei dem dichten Kontrollnetz in den olympischen Sportarten kommen Sie auf ein bis zwei Prozent positive Proben. Jetzt sagen Sie: Aber die Dunkelziffer! Das ist ein Totschlagargument. Wenn ich jetzt mal großzügig annehme, sie sei fünfmal so hoch, dann haben Sie immer noch 90 Prozent saubere Athleten.« Kommt es zu Geständnissen aus den Reihen der Athleten oder besteht ein indizienfester Betrugsverdacht, hält der *inner circle* des Sports eisern zusammen: »Jeder Pauschalverdacht ist unzulässig!« – »Rufmord!« – »Eine ganz feige Aktion!« Dann folgt verlässlich die Rede von den schwarzen Schafen, die es immer schon gegeben haben soll. Wenn auch das nicht verfängt und die Vorkommnisse nicht ohne weiteres wegzureden sind, stellt der Sport sich doof.

Einschlägige Muster in dem Zusammenhang wären: 1. »Das ist so. Der Sport ist nun mal Teil der Gesellschaft. Da müssen wir jetzt ganz fest zusammenstehen!« 2. »Wenn die Indizien stimmen sollten, ich meine, wenn das alles so richtig ist, dann gibt es natürlich Handlungsbedarf.« 3. »Nein, das überrascht mich jetzt! Das regt mich so richtig auf! Da müssen sofort Entscheidungen fallen!« Oder 4. noch einmal mit Herrn Bach, der in Notsituationen einen Faible fürs Allgemeine hat: »Solange Menschen miteinander im Wettstreit stehen, werden Sie immer welche haben, die sich mit unlauteren Mitteln Vorteile verschaffen wollen.« Da soll es auf Details nicht mehr ankommen. Alle sind ein bisschen schuldig, alle wissen irgendwas, alle sind mehr oder minder involviert. Wenn die Atmosphäre wieder halbwegs bereinigt ist, startet der offizielle Sport seine Offensive und fordert ohne Klärung der Missstände den zu schützenden Sport in schöner Regelmäßigkeit ins Grundgesetz.

Falls sich jedoch in der EPO-Genese – als Basisstoff des Elite- und Breitensports – ein Modell für den Umgang unserer Gesellschaft mit der Realität zeigt, und das tut es wohl, stellt sich immerhin die Frage, ob wir für das sich allmählich aufbauende Gendoping-Szenario wirklich gerüstet sind. Die Olympioniken der Welt möchten nicht warten, bis die Wissenschaft das neue Feld der Gentechnik debattiert und perfektioniert hat. Sie sind auf Vorteil aus und fordern ihn sofort.

Reicht es demzufolge aus, dass die WADA einen Code definiert und an gediegenen historischen Orten in ausgewählter Runde ihre Bedenken durchdekliniert? Ist es genug, dass der Sportausschuss des Bundestages eine Gendoping-Studie beauftragt, um dann die versammelten Politiker mit Hunderten Seiten dichtester Wissenschaftsprosa unvermeidlich zu überfordern? Die Osmose zwischen Sport und Gesellschaft ist zu stark, die im Raum stehenden Risiken sind zu gewaltig und zugleich zu wenig geklärt, die korrektiven Strategien außerhalb des Sports zu karg entwickelt, als dass eine öffentliche Verständigung über das Thema versäumt werden dürfte.

»Mit zehn Millionen Dollar im Bereich des Sports kann der Wissenschaftler schon ziemlich einfallsreich werden«, weiß Lee Sweeney. »Wenn man sich einmal entscheidet, Gentherapien zu nutzen, um Leistungen zu steigern, gibt es keine Grenze mehr«, setzt er nach. Für die WADA ist Gendoping »die nicht therapeutische Verwendung von Zellen, Genen, genetischen Elementen oder der Modulation der Genexpression, die die sportliche Leistung verbessern kann«. Die Definition ist weitreichend, da sie alle molekular- und zellbiologischen Techniken umfasst, die aktuell zum Einsatz kommen können. Doch gibt es eigentlich einen Anfang und ein Ende dessen, was unter Gendoping zu fassen ist?

Implantate, die einem Blinden erlauben zu sehen, einem Tauben erlauben zu hören, einem Behinderten erlauben, die eigenen künstlichen Glieder zu kontrollieren, hätten noch vor 20, 30 Jahren als völlig unrealistisch gegolten. Die Hoffnung, dass diese Krankheiten in den Griff zu bekommen sind, hing nicht zuletzt auch am Fortgang der Genforschung. Anämie, Diabetes, Muskelschwund, Wachstumsstörungen – durch den Gebrauch rekombinanter DNA-Techniken, die neue Peptide und Hormone wie rEPO, r-Insulin, r-HGH oder r-IGF-1 produzierten, gab es dann aber mit Blick auf diese schweren Krankheiten endlich eine vielversprechende Perspektive.

Hatte man 2002 an die 500 aktive gentherapeutische Studien verzeichnet, war die Zahl bis 2006 mit 1260 klinischen

Studien schon fast um das Dreifache gestiegen. Lentiviren, Adenoviren, Retroviren schrieben Schlagzeilen. Auf Forschungsmessen in China konnte man Hasen mit Menschenohren, fluoreszierende Schweine, Fische mit doppelten Schwanzflossen oder zwei Köpfen in Augenschein nehmen. Die Wissenschaft hoffte auf neue Therapeutika. Und die Sportwelt hoffte fleißig mit. Sie hing am Internet, wo in wöchentlich publizierten Forschungsfortschritten zu lesen war, was auch aus Sicht des Sports von Interesse sein könnte.

100 000 Labore. Mit dem Einsatz der ersten Gentherapien war plötzlich ein viel direkterer Weg gegeben, Proteine und Hormone ins Gewebe und in die Organe von Athleten zu schleusen. Gendoping kann dabei die Grundsätze der Gentherapie nutzen, basiert als eins ihrer Abfallprodukte auf demselben Prinzip. Bei ihm werden gleichfalls neue Gene injiziert oder bereits existierende moduliert. Der erhebliche Unterschied ist, dass Gentherapien ausnahmslos dazu da sind, nach Besserung für schwer kompromittierte Körper zu suchen, Gendoping jedoch wird einzig und allein zur Leistungssteigerung genutzt. Egal, ob die neuen Verfahren *in vitro*, zum Beispiel mit Mikrospritzen und Gengewehren, oder *ex vitro*, über einen Ersttransfer von Genen in Zellkulturen und dann mittels Implantierung ins Empfängergewebe, zustande kommen, es lag auf der Hand, dass jeder nichtgenetische Transfer von Proteinen und Hormonen im Sinne der Leistungssteigerung fortan nur noch ineffektiv sein würde.

»Es gibt etwa 100 000 Labore weltweit«, sagt Arne Lungqvist, Chef der Medizinischen Kommission des IOC, »die Gendoping durchführen könnten. Es schlecht anzuwenden ist kein Problem. Aber die Jahre der Forschung haben auch bewiesen, dass es außerordentlich schwierig ist, es gut anzuwenden.« Schlechte Anwendungen sind bedauerlicherweise kein Hinderungsgrund, sie dennoch zu nutzen. Auch das im Kontext neuer Genstrategien immer wieder geltend gemachte Argument, das Risiko sei viel zu hoch, als dass Athleten und Trainer es eingehen würden, entbehrt leider der Realität. Die vorderste Front der Leistungskörper würde schon aus Angst, die eine magische Substanz zu verpassen, alles tun, was möglich ist.

Das geschieht, obwohl Gendoping, wie auch dessen Risiken, außerordentlich vielfältig und noch völlig ungeklärt ist. Bereits mit Einsatz rekombinanter Substanzen war es zu weitgehend folgenloser Forensik, ernsthaften Nebeneffekten und zahlreichen unerwarteten Todesfällen gekommen. Als die WADA unlängst meldete, der globale Sport verzeichne pro Jahr knapp tausend Tote, stockte Akteuren und Fans wieder einmal für ein paar Momente der Atem. So hatte man sich das nicht vorgestellt: Die Gesündesten unter den Gesunden starben blutjung und bemerkenswert beiläufig im Auto, im Bett, beim Zahnarzt, in der Disco, beim Einkauf – wie es hieß, an »einer elektrischen Erregung des Herzens«. Weiteres blieb im Dunkeln. Spekulationen gleichwelcher Art verkniff man sich.

Dennoch dürfte es keinen Zweifel daran geben, dass Eliteathleten nach dem ersten Schritt in Richtung Gendoping auch den zweiten vollzogen haben und Methoden modulierender Geneingriffe einsetzen bzw. genetisch aktives Material in ihre Körper einschleusen. Dafür spricht nicht nur der bereits bekannte hochriskante Gebrauch von Repoxygen und Myostatin-Blockern, dafür sprechen vor allem auch die bereits zugelassenen Therapien, Medikamente und laufenden klinischen Studien. Der zeitliche Vorsprung der Forschung gegenüber dem interessierten Sport ist – wie Repoxygen gezeigt hat – nahe null.

Nackte DNA, Imagene, TATA-Boxen, RNA-Polymerasen, siRNAs und mirRNAs – die sprachliche Welt der Gentherapie besticht durch komplexes Vokabular, das neben allem wissenschaftlichen Fortgang auch davon berichtet, dass jeder einzelne Schritt der Genexpression moduliert werden kann – von der Transkription bis hin zur Modifikation eines Proteins. Eine Welt unübersehbarer Versionen und damit immenser Manipulationsmöglichkeiten. Die Gendoping-Welt befindet sich noch in der Testphase. Doch je mehr Türen die Forschung aufstößt – und sie tut es mit allen Kräften –, umso schwieriger wird es werden, dem analytisch Einhalt zu gebieten.

Gendoping fürs Wohnzimmer. Worauf richtet sich also neben den Rekombinanten das besondere Interesse des Sports? Internationale Dopingspezialisten weisen seit geraumer Zeit darauf hin, dass weltweit systematische Forschung zunehmend in Kleinstlaboren stattfindet. Diese »wilde«, nichtindustrielle Forschung wird ausschließlich für den Dopingmissbrauch betrieben und ist weitgehend unerfasst. Es wird angenommen, dass Labore dieser Couleur gegenwärtig auch Verfahren entwickeln, um Drogen mit spezifischen genetischen Sequenzen maßzuschneidern und so der individuellen Physiologie des Probanden passgenau anzugleichen. Als beunruhigendes Modell für individuelles Gendoping wird immer wieder der Balco-Fall erörtert, wo man das Designer-Steroid THG eigens für eine ausgewählte Athletenklientel entwickelt hatte.

»Um Gendoping zu praktizieren, bedarf es eben nicht eines enormen Aufwands und einer gewaltigen klinischen Infrastruktur, wie wir sie von der Gentherapie kennen. Bei der Gentherapie entstehen die meisten Kosten, um die Sicherheit des Patienten zu gewährleisten. Die dürfte bei der Dopinganwendung kaum von Bedeutung sein«, schreiben die beiden deutschen Genexperten Patrick Diel und Ute Friedel in ihrer Studie »Gendoping. Techniken, potentielle bio-

logische Nachweise und Möglichkeiten des Nachweises«
von 2007. Beide Wissenschaftler betonen, dass viele kleinere
Labore ihre Dienste problemlos gegen Entgelt anbieten
könnten. »Theoretisch ist es denkbar, einen maßgeschnei-
derten Vektor innerhalb weniger Tage zu konstruieren und
zu modifizieren.« Die Konstruktion der Vektoren, das heißt
der Überträger, sei »für einen leidlich ausgebildeten Moleku-
larbiologen leicht durchführbar« und gehöre mittlerweile
zum normalen Forschungsbetrieb. Außerdem gebe es schon
jetzt eine Vielzahl kleinerer Firmen, die sich darauf spezialisiert hätten, ihr Know-how in Teilbereichen der Gentherapie
kommerziell anzubieten.

Auch was die Kosten für individuelles Gendoping angeht,
werden Diel und Friedel durchaus konkret: »Ein Konstruk-
tionsset zur Herstellung eines lentiviralen Vektors (ähnlich
dem, der im Fall von Repoxygen zur Anwendung kommt)
liegt im Bereich von 2000 bis 3500 Euro.« Die Kosten für die
Applikation würden sich auf 4000 bis 10000 Euro belaufen.
Da bei Verabreichung nackter DNA nur die Verabreichung
einer bestimmten Trägersubstanz vonnöten sei, könnten
Kosten dafür sogar ganz wegfallen. Ist der Vektor erst einmal
konstruiert, entstehen nur noch Minimalbeträge für Verviel-
fältigung und Applikation. Diel und Friedel schlussfolgern:
»Die Kosten für den Athleten oder den dopenden Breiten-
sportler sind gering. Die Applikation derartiger Vektoren
kann im Prinzip in jedem Wohnzimmer durchgeführt werden. Funktioniert diese Art Gendoping, wird sie sich jeder
leisten können, der heute bereits Geld für anabole Steroide
oder niedermolekulare Substanzen ausgibt.«

Welchen Athletentypus bekommen wir zu Gesicht, wenn
jeder private Nierentisch zum Labor werden kann? Was ist
das für ein Körper, der da in nächster Zeit aus den Wohnzim-
mern hervortreten wird? Am wahrscheinlichsten ist ein Athlet, der alle möglichen Formen konventionellen Dopings

nutzt, um als giftiges Sahnehäubchen spezielle Genschnipsel einzuschleusen, die in der Lage sind, im Körper singuläre Chemiefabriken anzuwerfen. Und hätte diese individuelle Manipulationsmelange nicht sogar eine gewisse Logik als passende Verkleidung für den cool-cleveren Style des heutigen Gesellschaftspragmatismus?

Was die Welt der konventionellen Dopingmittel angeht, muss freilich in Betracht gezogen werden, dass auch diese der rasanten Veränderung unterliegt. Im Sinne des leidigen Katz-und-Maus-Spiels muss sie permanent auf den Stand der Testverfahren reagieren. Zwar haben die Athleten nur wenig Risiko zu befürchten, dennoch will man gefeit sein. So ist derzeit in engagierten Dopingkontrolllaboren in Sachen neuer Chemieverlockungen viel von sogenannten SARMs – die anabolikaähnlich sind und deutlich weniger Nebenwirkungen als Steroide haben –, von Biosimilars und EPO-Mimetika, von künstlichen Sauerstoffverbesserern wie Oxygent, Fluosol und Actovegin oder kruden Giftmischungen, die beim Zeitfahren oder Sechs-Tage-Zirkus im Radsport zum Einsatz kommen, die Rede. Ein Radsport-Insider erläutert das erst seit kurzem angewendete, feinst ausgetüftelte Gebräu: »Atepodin, Striadine, Esafosfina, Heparin als gemischte Lösung intravenös über 20 Minuten. Bei schnellerer Zuführung kann es zu Problemen kommen.«

Und außer individuellem Gendoping? Wofür interessieren sich die diesbezüglich geneigten Athleten noch? Da es um physiologische Prozesse geht, die allesamt mit Bewegung zu tun haben, gibt es per se zunächst keine Grenze. Prinzipiell kann jeder und alles durch neue Gene für Kraft, Ausdauer, Regeneration, Schmerzlosigkeit, Sauerstoffzufuhr, Konzentration frisiert, getunt, gehypt werden. Es liegt aber in der Natur der Sache, dass sich das Interesse an eventuellen Fremdnutzungen durch den Stand und Fokus der Forschung erklärt. Hier bestimmt in erster Linie der in Aussicht stehende Umsatz das Geschäft, und damit beherrschen zwei biotechnologische Kategorien gegenwärtig das Geschehen: die Modulation der Genaktivität und das Einschleusen von genetisch verändertem Material.

Fünf Genkandidaten. So klingen die Studien zu Sauerstoffmangel-Faktoren zwar einerseits hochgradig speziell, für den Sport aber dürften sie ein enormes Potential besitzen: Das HIF-Gen, auch *hypoxia-inducible factor*, etwa springt in niedrigen Sauerstoffumgebungen an und aktiviert das EPO-Gen zu höherer Produktion roter Blutkörperchen, bekannt auch als Höheneffekt. Das Besondere an dem HIF-Inhibitor ist, dass er als ein oral zu applizierendes Medikament entwickelt wurde, mit Weiterentwicklungen und weltweitem Vertrieb in großen Chargen.

Eine zweite Genstrategie, die für den Sport unstrittig von Relevanz sein dürfte, ist der Genfaktor VEGF-2, der die Entwicklung neuer Blutgefäße fördert und ursprünglich für Patienten mit Arterienleiden entwickelt wurde. Was für Probanden mit verstopften Gefäßen gut ist, dürfte sich für fast jede Sportart als günstig erweisen. Für gendopende Athleten erweitert VEGF-2 die Blutgefäße messbar und versorgt das umliegende Gewebe besser mit Sauerstoff und Nährstoffen.

Der Wachstumsfaktor Myostatin – als dritte Genmethode – wird schon seit einiger Zeit in diversen Internetforen der Sportszene diskutiert. Im »Body Attack Forum« beispielsweise hält man sich gegenseitig über Neuestes zum schönen Körper auf dem Laufenden: »Meine Frage ist: Hat jemand schon so einen Myostatin-Blocker gekauft, also probiert? Ich kenne das bloß von Ripfast Intelligence Stack.« – »Ey, das geht echt, Myostatin kaufen bei Ripfast. Es heißt Intelligence Stack. Haut rein, berichten die Leute.« In der Tat arbeiten pharmazeutische und biologische Unternehmen schon eine Zeit lang mit Myostatin-Inhibitoren. Der erste wurde bereits

2001 wissenschaftlich beschrieben und ist in seiner Bauanlage nicht kompliziert, sagen Experten.

Im Grunde basiert die Substanz auf dem Prinzip der blockierten Blockade. Nachdem Wissenschaftler herausgefunden hatten, dass das gewünschte vermehrte Muskelwachstum gerade aufgrund einer Myostatin-Hemmung oder eines Defekts am Myostatin-Gen zustande kommt, konzentrierte sich das Interesse der Forschung insbesondere auf den sogenannten Myostatin-Signalweg. Binnen kurzem wurden unterschiedlichste pharmakologische Strategien entwickelt, die – auf einen simplen Nenner gebracht – signifikantes Muskelwachstum und signifikante Fettreduzierung ohne offensichtliche Nebenwirkungen bewirken konnten. Die Interessentengemeinde wuchs unwillkürlich: Myostatin-Blocker spielten nun nicht mehr nur bei Muskeldystrophie, Krebserkrankungen oder Diabetes eine Rolle, sondern auch im Sport und in der Tierhaltung. Die unterschiedlichsten Myostatin-Inhibitoren gingen recht bald massenweise in Produktion. Inzwischen firmieren sie als Lifestyle-Droge und kommen auch in Anti-Aging-Therapien zum Einsatz. Produkte wie Myozap, Myoblast und Myostat werden in der Nahrungsergänzungsmittelindustrie vertrieben. Betrachtet man die Vielfalt möglicher Manipulationen, hat Myostatin durchaus das Potential, mit dem Superstoff EPO zu konkurrieren und eine ähnlich bizarre Karriere hinzulegen.

Was fällt einem bei dem Namen Sirna als Erstes ein? Ein unentdeckter Stern, eine geheimnisvolle Insel? Um auf die vierte Genstrategie namens siRNA zu stoßen, muss man nicht in die Ferne schweifen. Eher müsste man sich ziemlich klein machen und in eine Zelle kriechen. Als 2001 in Göttingen eine Technik namens RNA-Interferenz entwickelt wurde, revolutionierte die nicht nur die Biochemie, sondern machte die winzigen siRNAs zu prominenten Shootingstars. Denn als synthetisch hergestellte kurze Moleküle waren sie dazu bestimmt, auf direktem Weg in die Zelle geschleust zu werden, sich in der Boten-RNA Partnergene zu suchen, die ihnen glichen, und sich dann so lange an sie festzuklammern, bis diese sich abschalteten. Diese verspielt anmutende Doubelei war nichts anderes als eine geniale Erfindung, um Gene gezielt zu blockieren und auszuschalten.

Die Hoffnung war groß, die siRNAs seien in der Lage, gefährliche Tumorgene zu neutralisieren. Zumindest lagern in den Kühlschränken von RNAi-Firmen zurzeit zahllose RNA-Moleküle, die für Therapien genutzt werden könnten. Ihre Einsatzmöglichkeiten gelten als unbegrenzt: siRNAs blockieren in Lungenzellen ein Virus-Gen, um Erkältungen bei Kleinkindern zu kurieren, sie werkeln im Inneren des Auges, um dort Störungen zu beheben, sie werden aktiv, um Haarausfall zu stoppen. RNAi-Therapeutika stehen längst für eine neue Klasse von Medikamenten und siRNAs für die stillen Allrounder. Sie stehen in verschiedenen Bereichen kurz vor dem Einsatz. Wo sie aber tatsächlich bereits genutzt werden, ist nur schwer zu recherchieren. Die US-amerikanische Firma Sirna Therapeutics zumindest, die sich auf die Entwicklung von siRNA-Strategien spezialisiert hat, bietet neben der Applikation spezifischer siRNAs gegen Diabetes und Leber auch schon Techniken an, die die Leistung des Skelettmuskels steigern sollen. Genspezialisten sind sich darüber einig, dass Produkte dieser Art den Sport erreicht haben.

Das Protein PPAR-delta – zuerst bei He-Man, der Muskelmaus, und seinen Marathon-Kollegen entdeckt – ist ein Meisterregulator verschiedener Gene und so auch der Veranlasser, vermehrt ausdauerfähige Muskelfasern zu bilden. Zu dieser Aussage gelangte eine Studie am Stockholmer Karolinska Institut, die die Menge an PPAR-delta bei Radprofis, Gesunden und Querschnittsgelähmten untersuchte. Dabei stellte sich heraus, dass der Rezeptor umso höher liegt, je mehr der Muskel trainiert wird. Weiterführende Studien belegten, dass eine Aktivierung von PPAR-delta eine wichtige Komponente bei der Erhöhung der Insulinsensitivität durch körperliche Belastung ist. PPAR-delta ist somit offenbar für den Energiemetabolismus im Muskel verantwortlich. Darüber hinaus erhöht es die Fettverbrennung.

Über die Bedeutung von PPAR-delta für den Sport muss nicht lange spekuliert werden. Richtig ist, dass Unternehmen gerade Agonisten für den bemerkenswerten Rezeptor entwickeln, die die positiven Effekte körperlicher Aktivität in Tablettenform liefern werden. Es geht um eine Art Aktivpille, die die *couch potatoes* dieser Welt auch ohne Drill ganz passabel aussehen lassen würde, zugleich aber auch für Dopinginteressenten von besonderem Reiz ist. Denn Forschungen ergaben, dass diese Rezeptoren in Zellkulturen aus menschlichen Muskelzellen die Fettverbrennung ankurbelten. In Tiermodellen für Typ-2-Diabetes senkten sie den Blutzuckerspiegel und verbesserten die Insulinsensitivität. Wie auch immer die Nutzung des fünften Genkandidaten in Zukunft ausfallen wird, dopingrelevant ist er in jedem Fall, und das in vielfacher Hinsicht.

Stärker als alle Moral. Die mit der richtigen DNA gefüllte Spritze könnte einen eher mittelmäßigen Athleten demnächst zum Spitzensportler machen. Vor Ehrgeiz kranke Eltern könnten embryonale Zellveränderungen vornehmen, um bei ihren Nachkommen die besten athletischen Anlagen zu initiieren. Sportvereine könnten limitierte Genscans verwenden, um aus wirtschaftlichen Gründen ausschließlich Superathleten zu rekrutieren.

Eine über sich selbst nicht aufgeklärte Wissenschaft hatte in den letzten Jahren Möglichkeiten genug, anzuerkennen, dass der Mensch nichts bloß Mechanisches, sondern etwas höchst Diffiziles, Komplexes, Fragiles, unendlich Ausbalanciertes ist. Noch die kleinste Veränderung geschieht auf die

Gefahr nicht kalkulierter Risiken hin. Dieselben Forscher, die in ihrem Labor in Pennsylvania He-Man kreierten, produzierten auch eine besondere, ganz neue Fliege. Sie war so kräftig, dass sie nicht mehr fliegen konnte.

Der gegenwärtige Stand der Forschung ermöglicht es, dass Wissenschaftler Gene splitten, ausschneiden und wieder einsetzen. Schlechte Gene werden durch gute ersetzt oder einfach ausgeschaltet. In England kam das genetisch designte Baby Jamie Whitaker zur Welt, das seinem tödlich erkrankten Bruder Charlie identisches Blut für eine Knochenmarktransplantation zu spenden hatte. In China wurde eine Gentherapie mit dem Protein p53 anerkannt, mit der man Kopf- und Halstumore behandelt.

Genetisches Material kann zugeführt oder vernichtet werden. Die Frage also, wohin die Geschichte der Körper geht, handelt auch von der technischen Transformation der Welt und dem Potential, das wir bereits heute haben, um genetische Gesetze und genetische Informationen zu verändern. Das Eigenartige dieser Geschichte ist, dass wir sie schon kennen. Wir wissen um die Folgen und deren ganze Ambivalenz. Wir wissen auch, was wir uns durch solch zerstörerischen Narzissmus einhandeln. Und doch tun wir so, als ginge es um nichts anderes, als uns erneut in den Stand der vollkommenen Unschuld zu versetzen. Aber es ist ein Spiel mit der Realität, dessen groteske und vermutlich erneut tödliche Ergebnisse wir schmerzfrei in Kauf nehmen.

Auf dem Weg in die Neue Unschuld werden Wissenschaftler einen Athleten von Geburt an designen können. Die Versuchung, schlechte Gene zu isolieren und gute zu ernten, um sie Embryos oder gar erwachsenen Athleten zuzuführen, ist zu groß, um ein solches Experiment auszulassen, vor allem in Ländern, in denen experimentelle Genforschung unreguliert vonstattengeht. Theoretisch wäre sogar der Austausch von DNA zwischen Pflanzen und Tieren möglich.

Würde man also das Photosynthese-Gen in die menschliche DNA implantieren, könnte daraus eine Person werden, die ihre Energie aus dem Sonnenlicht bezieht. An welchem Punkt der Reise wird es der Gentechnologie gelingen, den hybriden Menschen zu produzieren? Und wann wird es den Athleten geben, in dessen Genmaterial die Sprunggene eines Kängurus, die Kraftgene eines Panthers und die Geschwindigkeitsgene einer Antilope verankert worden sind? Die Anwendungen transplantierender Geneingriffe sind endlos und bleiben ein schwindelerregendes Unterfangen, bis die letzte Grenze erreicht ist: die Kreation genetisch identischer Menschen und Tiere. »Alle ethischen Probleme rund um das Klonen zeigen, dass es als bedrohende Perspektive erlebt wird und zugleich als Faszination, stärker als alle Moral«, schreibt Jean Baudrillard. Und der australische Dopingexperte Robin Parisotto meint: »Trotz der Schwierigkeiten, die mit Klontechniken verbunden sind – Schwierigkeiten, die durch Dollys Tod entstanden sind –, gibt es keinen Zweifel, dass es theoretisch möglich ist, die Toten wieder lebendig zu machen. Könnte Phar Lap auferstehen, um 2032 den Melbourne Cup zu laufen, 100 Jahre nachdem er ihn bereits gewonnen hat?«

Genetisches Doping wird praktiziert, weil die Gesellschaft es zulässt. Die Fans wollen den 100-Meter-Lauf über sechs Sekunden sehen – dieses eine Rennen, von dem der Weltrekordler Maurice Greene einst sagte, man werde es sich in Zeitlupe ansehen müssen. Athleten werden in der Zukunft ihre Gene behandelt bekommen, wie sie an anderen Tagen zum Zahnarzt gehen oder ihr Knie operieren lassen. Gendoping wird zum Sportalltag gehören, wie man sich als Basissubstanz für einen Trainingstag heute EPO spritzt. Es werden fließende Übergänge sein. Die Athleten werden das alles nicht so genau wissen. Es wird Tabletten und Spritzen, ab und an etwas Spezielleres geben, wie es eben schon immer

Tabletten und Spritzen und ab und an etwas Spezielleres gab. Fans jeder Kategorie – aus Politik, Wirtschaft, Medien, Sponsoring, dem autonomen Sport selbst und auch Ärzte – und ihre Stars werden in dieser speziellen Sache fest zusammenhalten. Man wird sich den Spaß nicht verderben lassen.

In der Zwischenzeit wird es in der Öffentlichkeit eine erhitzte Debatte über fehlende Gendoping-Tests geben. Microarray-Technologien, Muskelbiopsien, Blutkontrollen? Die Sache ist schwierig, denn Proteine und Hormone, die durch gedopte Gene produziert worden sind, könnten exakt denselben Ausdruck haben wie endogene Proteine. »Für bestimmte Problemfelder«, wissen die Spezialisten, »gibt es bereits erfolgversprechende Ansätze, deren Praktibilität derzeit aber noch getestet wird.« Man wird sagen, dass es den einen Test zum Gendoping nicht geben könne, da es zu einer »unglaublichen Zunahme der Komplexität der zu berücksichtigenden Manipulationsmöglichkeiten« komme. Am besten wäre es wohl, bestimmte Tests zu kreuzen. Zusätzlich könnte man auch noch an Protein-Fingerabdrücke oder genetische Barcodes denken. Gleichwohl müsste man sich im Klaren darüber sein, dass – so Diel und Friedel in ihrer Gendoping-Studie – »die vorliegenden Erkenntnisse in absehbarer Zeit nicht zu einem einsetzbaren Test« führen. Wenn überhaupt, würde die Entwicklung von Routine-Tests noch Jahre in Anspruch nehmen.

Man muss davon ausgehen, dass die Doper in der Zwischenzeit dann schon wieder über alle Berge sind. Ein nüchternes Fazit, und bis auf weiteres dürfte wohl das gelten, was dem amerikanischen Baseballspieler Curt Schilling mit Blick auf die Spielfelder Amerikas jüngst aufgefallen war: »Die Jungs da draußen sehen aus wie Mister Kartoffelkopf. Sie atmen und haben sechs oder sieben Körperteile, die einfach nicht normal aussehen.«

»Kein Antidopinglabor der Welt kennt auch nur die Hälfte der verbotenen Substanzen, die gerade gehandelt werden«

Interview mit Robin Parisotto, australischer Forscher und Dopingexperte

1957 im australischen Griffith geboren, war Parisotto als Leiter des Australischen Sportinstituts die wissenschaftliche Hauptfigur für die Studie »EPO 2000«, die die australische Regierung vor den Olympischen Spielen 2000 in Sydney in Auftrag gegeben hatte. Er veröffentlichte zahlreiche Beiträge in Wissenschaftsjournalen, Zeitungen und auf Websites. Parisotto gilt als der australische Experte zum Blutdoping und forscht gegenwärtig in verschiedenen Wissenschaftsteams zu Gendoping. Mit seinem Buch »Blood Sports: The Inside Dope on Drug in Sport« wurde er weltweit bekannt.

Im Frühjahr 2006 erschien Ihr Buch »Blood Sports«, eine Analyse des heutigen globalen Pharmaziesports. Das Ende des Buches gab einen Ausblick in eine komplett neue Körperwelt durch Gendoping. Wie ist die heutige Situation?

Ohne spezifischen Test kann weder bewiesen werden, dass Gendoping stattfindet, noch dass es nicht stattfindet. Nichtsdestotrotz gibt es mittlerweile genügend Beispiele dafür, dass Gendoping funktioniert. Lee Sweeney und sein Team waren die Ersten, die mit Hilfe der Schwarzenegger-Maus gezeigt haben, dass es mit jedem besseren Labor zu machen ist.

Wenn Sie sich vorstellen, dass in vielen Ländern genetische Forschung völlig unreguliert läuft, muss man davon ausgehen, dass es da draußen Athleten gibt, die die Möglichkeiten in diesem Bereich sondieren. Wer weiß denn, welche Experimente in bestimmten Forschungsgruppen laufen, wer sie finanziert und welches Ziel diese Forschung hat? Ich hoffe, dass in den nächsten Jahren Genpässe eine Rolle spielen werden. Aber für Peking werden sie nicht mehr relevant.

Wenn man die Dopingentwicklung der letzten 30 Jahre anschaut, ist die Tendenz eindeutig: Alles, was gemacht werden kann, wird gemacht. Sehen Sie etwas, das diese Dynamik stoppen könnte?

Es ist schwer vorstellbar, dass die Drogeninvasion im Sport noch angehalten werden kann. Vor allen Dingen haben wir es aktuell mit einem Problem zu tun, das uns alles abverlangt, nämlich Gendoping. Wenn das im großen Stil da ist, wird jede analytische Ausrüstung und Wissenschaft völlig machtlos sein. Verbunden mit den wachsenden Schwarzmarktstrukturen sorgt diese neue Ära dafür, dass die ganze Chemie unglaublich schwer aufzudecken ist. Und auch die Hoffnung auf eventuelle Genpässe hat klare Grenzen. Denn wann fängt man mit einem solchen Pass an? Bei der Geburt? Vor der Geburt? Vermutlich wird es nur so gehen: Man bestimmt bei jedem Athleten die biologischen Limits, zum Beispiel einzelne Blutmarker. Und sind die überschritten, wird er gesperrt. Offensichtlich müssen neue Regeln aufgestellt werden. Ein Anstieg im Genausdruck oder der natürlichen EPO-Produktion sollte demnach entsprechend geahndet werden.

Natürlich wäre es die einfachste Antwort, Doping zu legalisieren. Man kennt ja die elende Diskussion zur Genüge. Es gibt starke Vertreter, die das so haben möchten. Aber im

Grunde ist es klar: Wir als Gesellschaft müssen die Entscheidung treffen, ob es in Ordnung ist, unsere Kinder im Sport mit Drogen vollzupumpen, oder ob es eben nicht in Ordnung ist. Darum geht es!

Die Olympischen Spiele in Peking werden das Großereignis des Jahres 2008. Wissen Sie, wie sich chinesische Athleten auf diese Spiele pharmazeutisch vorbereiten?

Die Chinesen haben den richtigen Trubel um ihr Testprogramm veranstaltet, und soweit ich weiß, sind IOC und WADA mit dieser Strategie auch zufrieden. Das bedeutet aber nicht, dass es in China kein Doping gibt. Die Frage wird sein, wie viele Athleten geschnappt bzw. wie viele positive Tests freigegeben und publiziert werden. Ich bin mir sicher, dass es Experimente in Teilen Chinas gibt, über die niemand etwas weiß, auch die Regierung nicht, da die Forschung völlig unreguliert läuft. Ich denke, wir werden es bei den Spielen mit so etwas wie Oxygent, Fluosol und Actovegin, also Kälberblutderivaten, zu tun bekommen. Alles künstliche Sauerstoffverbesserer. Aber zu sehen kriegen wir die nur, wenn EPO- und Bluttransfusionstests zur Routine geworden sind. Kälberblutextrakte sind laut gültigen WADA-Regeln nur verboten, wenn sie durch Infusionen zugeführt werden. Injektionen sind erlaubt. Was Wachstumshormone betrifft, gibt es keinen Test. Und es ist nun mal so, dass China der größte Produzent von Wachstumshormonen ist.

Eine Studie aus dem Jahr 2007 belegt, dass der globale Dopingmittelkonsum erstmals höher war als der Drogenkonsum. Wird die Dopingwelt die Drogenwelt nach und nach ersetzen?

Es ist interessant, dass die Grenzen zwischen Drogen und Doping immer unschärfer werden. Auf der einen Seite gibt es die Sportstudiojunkies oder solche Promis wie Anna Nicole Smith, die Steroide, Wachstumshormone und illegale Drogen gleichzeitig nehmen. Auf der anderen Seite gibt es die Eliteathleten, die die ganze Zeit Doping genommen haben und nun mehr und mehr auch Drogen anwenden. Was die Athleten angeht, ist das in meinen Augen derselbe Betrug, vor allem, wenn sie das Zeug während der Trainings- und Wettkampfzeiten einnehmen. Verwirrend ist, dass in der Gesellschaft verbotene Drogen generell illegal sind, aber Athleten, die damit erwischt werden, nicht mit zivilen Strafen rechnen müssen. Das ist eine Art Doppelstandard und keine positive Botschaft für leicht zu beeindruckende Athleten.

Mehr als 100 Jahre ist die olympische Idee von einem Körper ausgegangen, in dem Geist, Seele und Athletik in harmonischem Einklang standen. Diese Idee hat offenbar ausgedient. Wer und was hat in Ihren Augen das Verschwinden des Körpers im Sport maßgeblich verursacht?

In der Vergangenheit gab es Athleten oder – wie Sie aus Erfahrung wissen – Regierungen, die gewinnen wollten. Heute gibt es Trainer, Ärzte, Physiotherapeuten, Ernährungsspezialisten, Psychologen, Biomechaniker, Manager und das Big Business, die sich an den Athleten anlehnen, damit er für sie und ihren Lebensunterhalt gewinnt. Konsequenterweise haben ein paar Athleten Chemiker für ihr Team rekrutiert, um damit den Erfolg zu sichern. Der Druck, Gewinne zu produzieren, ist heutzutage enorm.

Doch auch die gesellschaftliche Moral und die Werte haben sich grundlegend verändert. Menschen erwarten mehr Hilfe, um einfach nur den Alltag zu bewältigen. Sie nehmen Viagra für den Sex oder clevere Drogen wie Ritalin, um die mentale Kapazität zu erhöhen. Was ist das für eine Gesellschaft, die sagen kann, ein Athlet sollte seine athletischen

Leistungen nicht verbessern dürfen, wenn sie zur gleichen Zeit Normalsein mit einer Krankheit gleichsetzt, die behandelt werden muss?

Ich sehe schon den Tag kommen, da ein Athlet aufsteht und die geltenden Antidopinggesetze als unfaire Restriktionen angreift, weil sie ihn daran hindern, seinen Job zu machen. Sie und ich können Drogen nehmen, um uns zu »verbessern«, aber ein Athlet darf das nicht. Es ist wohl bekannt, dass ich gegen Doping bin, aber diese Situation ist auch nicht gerade fair gegenüber den Athleten.

In Ihrem Buch »Blood Sports« weisen Sie an verschiedenen Stellen darauf hin, dass ein sauberer Sport trotz der bizarren Deformationen immer noch möglich wäre, wenn man es nur will. Wie glauben Sie, soll das gehen?

Die meisten Länder können es sich gar nicht leisten, irrsinnige Mittel in die Antidopingschlacht zu pumpen. Sie müssen Prioritäten setzen, etwa die Bürger ernähren. Für diese Länder ist Doping im Grunde gar kein Thema. Aber dann gibt es Länder, die genug Geld für den Antidopingkampf hätten, doch sie missbrauchen den Sport für politische Ziele. Von denen wird man immer nur Lippenbekenntnisse zu hören bekommen. Ich verdächtige zum Beispiel China, mehr aus Gründen der globalen Politik als im Sinne des Sports zu agieren. Die Chinesen wollen den Medaillenspiegel gewinnen, um ihr Wirtschaftswachstum zu forcieren und dadurch ihre entsetzlichen Menschenrechtsverletzungen zu rechtfertigen.

In Deutschland hat es 2007 etliche Dopinggeständnisse von Radprofis gegeben. Waren die in Ihren Augen weitreichend genug? Was halten Sie von der Kronzeugenregelung?

Hat jemand bei diesen Geständnissen wirkliche Reue gesehen? Fast immer sagen die Athleten, es sei ein Fehler gewesen, es sei das erste Mal gewesen oder man sei, weil jeder dope, verführt worden, auch zu dopen. Na ja, das kennt man nun schon. Der alarmierendste Tatbestand bei den Geständnissen ist aber, dass die Athleten von ihren Teamkollegen, aber auch von der Gesellschaft geächtet werden. Ihr Team will nicht hineingezogen werden, ihre Sportart will nicht ihr Image beschädigt wissen, und die Gesellschaft, nun, die möchte das einfach alles gar nicht wissen. Das ganze Thema soll möglichst rasch unter den Teppich gekehrt werden. Was die Kronzeugenregelung betrifft, glaube ich nicht, dass es ein großer Anreiz ist, etwas über andere Betrüger auszusagen, besonders, wenn es keine entsprechenden Beweise gibt.

Was denken Sie über die Entscheidung der WADA, die Tests acht Jahre lang aufzubewahren? In Deutschland ist es ein Argument dafür, dass die Doper keinen Vorsprung mehr haben.

Sicher hat die WADA ein anderes Image als das IOC, das dauernd auf seine Sponsoren Rücksicht nehmen muss. Trotzdem hat sie Beißhemmungen, Athleten tatsächlich zu belangen. Die Welt braucht aber eine entschiedene WADA, vor allem jetzt, da Gendoping ins Spiel kommt. Athleten brauchen normalerweise 16 bis 18 Jahre, um auf olympisches Level zu kommen. Was sind dann acht Jahre, wenn es um eine Manipulation vor oder kurz nach der Geburt geht? Und was nützen diese acht Jahre etwa bei Wachstumshormonen? Haben Sie schon davon gehört, dass ein Test von Sydney wieder geöffnet wurde, weil man annahm, ein Athlet könnte Wachstumshormone genommen haben? All diese Tests, wenn sie je noch einmal angeschaut werden, wären allesamt negativ, da Wachstumshormone nur innerhalb von 24 Stunden getestet werden können.

Die aktuelle Debatte über Doping ist ganz offensichtlich eine Scheindebatte. Die Gesellschaften befinden sich nicht mehr in der Phase des Leistungsverbots, sondern in der schrankenlosen Leistungssteigerung. Was bedeutet ein solcher Paradigmenwechsel?

Interessant ist, dass mehr Tests und mehr Forschung das Dopingproblem nur noch vergrößert haben. Prohibition funktioniert nie, egal auf welchem Gebiet. Sie verlagert das Problem nur in den Untergrund. Es sind größere illegale Netzwerke entstanden, bei Herstellern, Lieferanten, der Polizei, den Regierungsorganisationen und nicht zuletzt im Sport selbst. Der wiederum ist auf beeindruckende Weise vom organisierten Verbrechen infiltriert worden, wie die Studie von Sandro Donati für die WADA im letzten Jahr deutlich gemacht hat. Die Steroidrazzien in den USA im Herbst 2007 bestätigen das. Die globale Ausbreitung des Internets hat das Problem eher noch verstärkt.

Aus reiner Neugier bin ich kürzlich in Zusammenarbeit mit einem Journalisten auf eine Internetseite gegangen und habe versucht, leistungssteigernde Drogen für Pferde zu bestellen. Es war der Versuch zu zeigen, wie einfach es ist, an Dopingmittel zu gelangen. Ich habe mich als Pferdetrainer ausgegeben und Pferde-EPO bestellt. Bekanntermaßen gibt es das natürlich nicht. Jedenfalls hätte ich das EPO zu einem bestimmten Preis einführen können, ausgewiesen als Druckerpatronen. Bei Lieferung der Ware hätte ich den Anbieter in Kanada angerufen. Der hätte mir einen Code gegeben, der mir wiederum gesagt hätte, um welche Droge es sich handelt und wie sie angewendet werden soll. Ich habe wirklich nicht auf Teufel komm raus versucht, an die Drogen zu gelangen. Aber es war schnell klar, dass es sehr einfach sein würde. Am Ende haben wir nichts gekauft, vielmehr hat der Journalist die Geschichte vom kanadischen Pferde-EPO nur für eine der größten australischen Zeitungen aufgeschrieben. Nach Veröffentlichung seines Stücks teilte die australische Regierung ihm mit, er solle doch eventuell relevante Informationen an die zuständige Behörde weiterleiten. In der Sache selbst unternahm sie nichts.

Interessanterweise wurde der Journalist aber vom FBI aufgesucht, das ihn bat, seine Informationen an die kanadische Polizei weiterzuleiten. Daraufhin wurde die betreffende Person verhaftet. Doch Überraschung: Die Internetseite war noch nach Monaten aktiv.

Da hilft auch kein Testlabor?

Kein Antidopinglabor der Welt kennt auch nur die Hälfte der verbotenen Substanzen, die gerade gehandelt werden. Die Labore sind mittlerweile so weit vom Problem entfernt, dass man sagen muss: Die Chance, beim Dopingmittelschmuggel erwischt zu werden, ist ungleich höher, als bei einem Test positiv zu sein. Es gibt jede Menge fragwürdiger Labore rund um den Globus, besonders dort, wo Dopingforschung und Dopingmittelherstellung unreguliert laufen.

Unser Institut hatte versucht, anders an die Dinge heranzugehen. Es intensivierte die Beziehungen zur pharmazeutischen Industrie. Wir planten eine Art Tandem-Existenz: Zusammen mit ihren neuen Drogen wollten wir jeweils den Test dazu entwickeln. Nun ja, dann kam der Widerstand auf internationaler Ebene, zu guter Letzt von der australischen Regierung.

Was glauben Sie, waren die Hintergründe?

Die offizielle Begründung der australischen Regierung war, unserem Institut den Garaus zu machen: Es gebe einen öffentlichen Interessenkonflikt zwischen Wissenschaftlern, die Athleten auf den Wettkampf vorbereiten, und Wissenschaftlern, die Antidopingforschung betreiben. Das haben sie uns allerdings nicht gesagt, als wir mit den EPO-Forschungen vor den Olympischen Spielen in Sydney begannen. Erst nach den Spielen fing der ganze Zirkus an.

In den wenigen Jahren unseres Forschungsprogramms haben wir 18 wissenschaftliche Artikel veröffentlicht, die sich mit Blutdoping befassten. Unser Institut hatte mit Mitteln der WADA einen Forschungsplan für die Jahre 2001 bis 2006 konzipiert. In dieser Periode wollten wir Tests für alle Blutdopingarten entwickeln, eingeschlossen Bluttransfusion, synthetisches Hämoglobin und genetisches Blutdoping. Um es kurz zu machen: Die australische Regierung war 2000 in Sydney lediglich an »sauberen« Spielen interessiert. Nachdem wir den EPO-Test geliefert hatten, waren wir politisch verzichtbar. Im September 2000 verunglimpfte man uns schließlich als Drogenjäger und sechs Monate später kam das Verbot, weiter zu forschen.

Bereits in Ihrem »Blood-Sports«-Buch haben Sie über die transgene Substanz Repoxygen geschrieben. 2006 ist sie in Deutschland durch die Springstein-Akten erstmals öffentlich geworden. Wissen Sie, wie verbreitet der Konsum der Substanz weltweit ist?

Es gab offenbar ökonomische Gründe, die Forschung zu Repoxygen zu stoppen, jedenfalls keine wissenschaftlichen. Jeder Athlet, der mit dieser Droge herumspielt, weiß, dass er den Tod in Kauf nimmt. Ich vermute, dass das kein Argument ist, es nicht zu tun. Bekanntermaßen zog ja auch Lee Sweeneys berühmtes Schwarzenegger-Maus-Experiment eine Flut von Anfragen menschlicher Versuchsschweine nach sich.

Wir können nur hoffen, dass Oxford-Biomedica das verbleibende Repoxygen unter striktem Verschluss gehalten hat, so dass niemand rankommt. Aber ein guter Biomolekularwissenschaftler mit Basisquellen könnte es ohne Problem reproduzieren. Es ist vorstellbar, dass einige für die Informationen von Oxford-Biomedica ordentlich bezahlen. Denn in der Vergangenheit soll es vorgekommen sein, dass Pharmahersteller sehr »nachlässig« gewesen sind und viele »verlorengegangene Lieferungen« so »ganz unerwartet« in den Händen von Verbrechersyndikaten gelandet sind.

Sandro Donati hat eine immense Überproduktion der Pharmaindustrie von Dopingmitteln festgesellt. Er schätzt, dass die EPO-Produktion sechsmal höher ist als die Menge, die tatsächlich verschrieben worden ist. Daran sieht man, dass die pharmazeutische Industrie ein gesteigertes Interesse am Dopingmittelkonsum im Sport hat. Und sie kooperiert nicht automatisch mit den Antidopingbehörden, wenn es darum geht, Tests für ihre Drogen zu entwickeln. Das ist exakt der Grund, warum unser Institut 2001 20 Drogenhersteller dazu brachte, eine Vereinbarung zu unterzeichnen und damit der WADA zu helfen, neue Tests zu entwickeln. Das war ein Durchbruch. Die Entscheidung der australischen Regierung, diese Forschung mit einem Bann zu belegen, hat die Prodopingbewegung mehr gestärkt als alles andere im letzten Jahrzehnt.

Im Dezember 2007 ist John Fahey, ehemaliger australischer Finanzminister, zum Chef der WADA gewählt worden. Wie sehen Sie seine Wahl?

Ganz unabhängig davon, wer diesen Job macht: Die Probleme, mit denen der Weltsport konfrontiert ist, sind beinah unüberwindlich. Aber es gäbe da schon ein paar Punkte: 1. Die Antidopingbotschaft muss über die 30 Länder hinaus ausgedehnt werden, die den Antidopingkampf bisher aufgenommen haben. 2. Die WADA steht in der Pflicht, dafür zu sorgen, dass ihre Testmethoden allesamt unanfechtbar sind. 3. Zudem muss es in allen Ländern eine größere Finanzspritze für Forschung, Prävention und Testverfahren geben. Wenn Sie sich überlegen, dass es weltweit um die 50 Milliarden Dollar jährlich an Einnahmen durch den Sport gibt und nur 0,1 Prozent davon in den Antidopingkampf investiert werden, kann es uns nicht wundern, dass die Betrüger permanent im Vorteil sind. 4. Es geht darum, jetzt wirklich aktiv zu werden, um der größten Bedrohung Herr zu werden, die gegenwärtig auf den Sport zukommt: das Gendoping. 5. Darüber hinaus muss die WADA ihre Verbotsliste dringend überarbeiten. 6. Es ist notwendig, den Missbrauch illegaler Drogen neu zu überdenken. Dabei geht es auch um einen Dialog mit den Justizbehörden weltweit. Es muss geklärt werden, wie man mit Gesetzesbrechern umgeht, die im Sportkontext geschnappt werden. Ein positiver Test auf illegale Drogen impliziert auch den Besitz von Drogen, und der Besitz ist in den meisten Ländern illegal. 7. Ich fände es gut, wenn der neue WADA-Chef dafür werben würde, überführte Betrüger öffentlich zu benennen, aus Gründen der Abschreckung. 8. Es wird zunehmend wichtig, Prodopinganwälte abzuwehren, die vermehrt für eine Legalisierung von Drogen im Sport eintreten. 9. Die WADA wird sich dafür einsetzen müssen, weltweit Labore mit Experten auszurüsten, und zwar mit solchen, die die Interpretation von Bluttests gewährleisten können und außerdem in der Lage sind, bisher unbekannte Substanzen aufzuspüren. Das sollte eine Voraussetzung für die Akkreditierung der Labore sein.

Wie man sieht, gibt es für den organisierten Sport in nächster Zeit viele und sehr unterschiedliche Aufgaben. Wenn die WADA jetzt unter neuer Führung steht, wird es jemanden brauchen, der beharrlich, entschlossen und stur ist.

III WIR WERDEN DIE SAUBERSTEN SPIELE MACHEN

8. Kulissenumbau im chinesischen Sportsystem – Von Daliwan, Medaillenramsch, Guanxi und Tibetischen Doggen

Die magische Arznei für Weltrekorde basiert auf einem Reisgericht mit einer Mischung aus Brustbeerensaft, Hunderagout, Hühnerbrühe und Pilzextrakten.

MA JUNREN, CHINESISCHER LAUFTRAINER, 1993

Daliwan. Frau Zou kommt immer ein paar Minuten früher zur Arbeit. Sie läuft dann im Schwimmbad umher, sortiert Tücher, wischt ein Stück Boden, tupft die Finger ins Wasser, um die Temperatur zu prüfen. Sie mag die Atmosphäre, wenn sich die Wellen im Glas der Fenster kräuseln, sie ihre Schritte auf den Fliesen hören kann. Bald wird hier wie jeden Tag Hochbetrieb herrschen. Dann kommen die Arbeiter aus den riesigen Autowerken, die ganz in der Nähe liegen.

Frau Zou sitzt in einer Kabine auf einem Hocker und schrubbt einem Mann den Rücken, kurz darauf wird sie zum Eingang gerufen, weil ein Kind irgendwas verschüttet hat, dann soll sie ein Becken auswischen, Papier einsammeln, in den Toiletten nach dem Rechten schauen. Sie ist 41 Jahre alt und in der Halle das Mädchen für alles. 43 Euro bekommt sie dafür als monatliches Salär. »Wenn ich den Leuten den Körper schrubbe, entspannen sie sich. Dann kommen sie zur Ruhe und fangen an zu reden«, sagt Frau Zou.

Dabei ist sie es, viel zu die erzählen hat: wie sie mit 13 Jahren in Chanchun auf die Sportschule kam und mit dem Gewichtheben begann. Wie ihr der Trainer mit der ersten Einheit Tabletten namens Daliwan gab und ihr sagte, dass die ihren Körper von vornherein besser auf das viele Krafttraining einstellen würden. Wie sie nicht mehr zur Schule ging, sondern das Hantelstemmen ihr Beruf wurde. Wie man sie bald zum Mitglied der Nationalmannschaft machte und ihr Leben aus Trainingslagern, Chemie und exzessivem Hanteltraining bestand. Wie sie vor Auslandshöhepunkten regelmäßig Maskierungsspritzen bekam, damit das Doping in den einschlägigen Tests nicht auffallen konnte. Wie sie mit dem Trainer darüber sprechen wollte, er aber nur sagte, dass das alle nähmen und die Substanzen keinerlei Nebenwirkungen hätten.

Die Geschichte der kaum 50 Kilo schweren Frau, die sie nur zögerlich preisgibt, handelt davon, wie sich ihr Körper nach und nach veränderte, männlicher und muskulöser wurde. Beim Erzählen deutet sie auf ihren Bart, die herben Gesichtszüge. Sie berichtet von einem kranken Rücken und kaputten Gelenken. Auch davon, dass sie den Sport so lange gemacht habe, bis es körperlich nicht mehr ging. In dieser ganzen Zeit sei sie ihrem Land unendlich dankbar gewesen. Immer habe sie das Gefühl bestimmt, China etwas zurückgeben zu wollen.

An dieser Stelle hält Frau Zou inne. Man sieht, dass sie mit sich ringt. Seit Jahren lebe sie in einem schweren Konflikt, fährt sie irgendwann fort: Sie sei gar keine Frau mehr. Jeden Tag spüre sie das. Aber die Angst, sich zu outen, sei da, wo sie lebe, sehr groß. Ihr sei klar, dass eine Geschlechtsumwandlung in China ein Problem darstelle. So weit ist diese Gesellschaft aber nicht, meint Frau Zou und lässt sich derweil monatlich weibliche Hormone spritzen, damit sie in ihrem Geschlecht bleibt.

Frau Ai hat einen Straßenstand in einem Vorort von Peking. Sie verkauft Obst, Getränke, chinesische Snacks. Wenn der

Job es ihr erlaubt, versucht sie zu sitzen. Sie kann kaum stehen. Ihre Bewegungen wirken schwerfällig. Man sieht, dass der Frau Mitte 30 jeder Schritt Schmerzen bereitet. Das kommt, weil ihre Füße ungemein verformt sind. Dabei hat sie ihren Füßen viel zu verdanken. Weltweit hat Frau Ai Marathon um Marathon gewonnen, war Weltmeisterin und hat 16 internationale Goldmedaillen geholt.

Um die Jahrtausendwende gehörte sie zum schnellen Team von Wang Dexian, einem Trainer, der mit seinen Übungsmethoden traurige Furore machte. Einer seiner Weltstars, die durch Doping aufgefallene Langläuferin Sun Yingjie, berichtete 2006 einem chinesischen Fernsehsender: »Er hat mich geschlagen. Mein Rücken war übersät mit Blutergüssen. Ich konnte manchmal meine Kleidung nicht mehr allein wechseln.« Die ehemalige WM-Dritte über 10 000 Meter trennte sich von ihrem Trainer, nachdem dieser sie mit der Schnalle eines Gürtels blutig geprügelt hatte.

Unerhört offene Sätze für die ansonsten still lächelnden chinesischen Athletinnen. Und auch im Falle von Frau Ai staunte man zunächst, als sie Wang Dexian 2006 gerichtlich beschuldigte, die ihr zustehenden Wettkampfprämien von annähernd 201 000 Euro veruntreut zu haben. Da sie stichhaltige Unterlagen zu den Prämienmodi hatte, räumte man ihr große Chancen ein, den Prozess zu gewinnen. Doch wie bei Frau Zou obsiegten auch bei Frau Ai Angst und Loyalität. Sie schloss mit dem Sportverein, bei dem Herr Wang arbeitete, einen außergerichtlichen Vergleich, über dessen Höhe nichts bekannt wurde.

Sonderlich hoch kann die Summe jedoch nicht gewesen sein, denn von Frau Ai weiß man, dass sie schon zum zweiten Mal versucht, ihre 16 Goldmedaillen für je 100 Dollar zu verkaufen, um sich und ihre zweijährige Tochter irgendwie durchzubringen. In ihrem Blog begründete sie den vollzogenen Vergleich mit den Sätzen: »Meine Freunde haben mich darauf hingewiesen, dass bald die Olympischen Spiele in China stattfinden. Je länger mein Fall offenbleibt, desto größer ist der Imageschaden für unser Land. Sie rieten mir, mich zufriedenzugeben und eine Entschädigung zu akzeptieren. Ich sehe das auch so. In letzter Zeit erhielt ich viele Interviewanfragen von ausländischen Medien. Doch ich will nicht vor Ausländern über unsere dunklen Flecken reden.«

Nebelkerzen. Dass die dunklen Flecken der chinesischen Sportdiktatur nicht weiter zutage treten, insbesondere nicht vor den Pekinger Spielen, dafür sorgen Partei und Geheimdienst, chinesische Sportoffizielle im Verbund mit der eintrainierten Angst der Athleten und nicht zuletzt die Internationale des Sports, die gleichsam mantraartig und mittels allwöchentlich gleichlautender Presseerklärungen allerlei Verbesserungen in Aussicht stellen. Der offizielle Sprachcode ist dabei bemerkenswert monoton. Und es geht immer um dieselben Themen: mehr Sprach- und Bildungsprogramme für chinesische Kinder, Stärkung der Rechtsstaatlichkeit, mehr Freizügigkeit für ausländische Medien.

In den Augen des IOC sind es sowohl die große Politik als auch der Sport, die mit ausreichend Reformwillen viel Löbliches auf den Weg gebracht haben, um im Sommer 2008 endlich »grüne«, »humanistische«, »harmonische«, »einmalige«, »gut organisierte« und natürlich auch »die saubersten« Spiele stattfinden zu lassen. Doch was von alledem ist Realität, was Kosmetik, was ein grundsätzlich globales Problem und was ein spezifisch chinesisches, wenn die Volksrepublik im Sommer mittels opulenter Symbolik nach 150-jähriger Randständigkeit endlich wieder in der Mitte der Weltgemeinschaft ankommen wird? Auf Grundlage welcher Fakten konnte der Oberolympier Jacques Rogge im Interview mit der »Süddeutschen Zeitung« Ende 2007 eigentlich erklären: »Es gibt kein organisiertes Doping in China. Weil sie clever genug sind zu wissen, dass es desaströs wäre. Die WADA sagt uns, China macht viele Tests, hat die Zahl der Labore vervielfacht und sie auf hohem Niveau eingerichtet.«

Doping und Pekinger Spiele sind eine Art Lackmustest für das Regime, denn die Dopingbilanz des chinesischen Sports ist ein Desaster. Enorm viel ist investiert worden, um dieses Problem loszuwerden. Für die Offiziellen wäre es eine Katastrophe, wenn die eigene Mannschaft in Peking mit auch nur einem positiven Dopingfall auffällig würde. Der Megaevent vor aller Welt wäre hin. Was also bedeuten »gut vorbereitete und organisierte Spiele«, die der chinesische Premier Wen Jiabao am 4. März 2008 vor der ganzen Nation versprach? Was mag Frau Ai mit den »dunklen Flecken« ihres Landes gemeint haben, über die sie mit der internationalen Presse nur ungern reden wollte? Wer spricht von internationaler Seite aus mit den Geschädigten des chinesischen Sports, nachdem die offizielle Sportzeitung Chinas »Zhongguo Tiyu Bao« Ende 2007 die Meldung veröffentlichte, dass 80 Prozent von etwa 300 000 ehemaligen Eliteathleten heute in Armut leben? Wer übernimmt die Verantwortung für annähernd eine Viertelmillion Menschen, die der Sport zunächst »auserwählt«, dann sowjetisch hochgezüchtet, später aussortiert und wie Stückgut weggeworfen hat? Eine Viertelmillion Schicksale, die in jedem Fall sehr individuell sind und doch irgendwie alle sehr ähnlich klingen?

Ma Junren. Parallel zu ihrem Aufbruch als Wirtschaftsnation kehrte die Volksrepublik China 1984 in Los Angeles in die olympische Gemeinschaft zurück. Damit rückte schlagartig besagtes Problem in den Blick: Doping. Dessen spektakulärster Mediator und Agent dürfte der so erfolgreiche wie umstrittene Wundertrainer Ma Junren gewesen sein. Volksarmist, Gemüsebauer, Tierzüchter und Sportlehrer in einem, brachte er offenbar die richtigen Ausgangsvoraussetzungen mit, um Ende der achtziger Jahre etwas Sagenhaftes ins Leben zu rufen. Schon bald sprach man von der »Armee des Trainers Ma«. Für diese gab es ein denkbar einfaches Erfolgsrezept: 1. Man nehme ausschließlich Mädchen aus der ländlichen Bevölkerung, die laut Ma »ein hartes Leben gewöhnt« sind. »Wer sonst würde einen Marathon in der Höhe aushalten?« 2. Man scheuche seine Schützlinge über aberwitzige Distanzen. Das Training bestand aus einem täglichen Marathon und häufigen Aufenthalten in der Höhe. 3. Man führe ein paternalistisches Regime aus hartem Drill, Angst und Gewalt. 4. Und man erzähle in den Medien unentwegt von exotischen Raupenpilzen, Hunderagout und warmem Schildkrötenblut, das die Mädchen verabreicht bekämen, dope sie derweil aber systematisch mit EPO, dem seinerzeit nicht nachweisbaren Stoff.

Wang Junxia, Qu Junxia, Liu Dong, Jian Po – und einige mehr aus Mas Truppe – wurden von ihrem Trainer wie Sklavinnen gehalten, sie wurden von ihm geschlagen, durften sich nicht die Haare schneiden und auch keinen Freund haben – doch sie liefen. 1993 wurde für Mas Armada zum Superjahr. Die oft als Roboterfrauen beschriebenen Läuferinnen heimsten Siege und Weltrekorde in Serie ein. Bei den Weltmeisterschaften in Stuttgart gewannen sie die 1500, 3000 und 10 000 Meter. Vier Tage später gingen sie in Peking bei den nationalen Meisterschaften erneut an den Start, in absoluter Topform. Weltmeisterin Qu Junxia verbesserte die Bestmarke über 1500 Meter und kippte den ältesten Weltrekord in der Frauenleichtathletik gleich um über zwei Sekunden. Wang Junxia eliminierte anschließend den alten Weltrekord über 3000 Meter – um mehr als zehn Sekunden.

Die beiden Rekordhalterinnen zierten am nächsten Tag die Titelseiten der chinesischen Staatszeitungen. Die »Armee des Trainers Ma« stieg zum Stolz der Nation auf. Ma wurde ein Held, zumal er die Rekorde seiner Frauen minutiös vorhergesagt hatte. In Interviews gab er erneut weitschweifig seine Spezialphilosophie zum Besten, schwadronierte über Wunderextrakte und seine Machete, mit der er den in China heiligen Schildkröten den Kopf abschlage. Kettenrauchend beschimpfte er abermals die internationale Presse, die ihm all das Wundersame nicht recht abnehmen mochte: »Meine Mädchen haben noch nie irgendwelche Drogen gesehen. Wenn die Europäer weiterhin über ihrem Moralisieren das Training vergessen, werden sie bald nicht mehr gewinnen.« Die Regierung verlieh ihm Ehrentitel, und auch die Wirtschaft pries ihn. So schenkte ihm eine Sportausrüstungsfirma einen Audi im Wert von 100 000 Euro.

Doch Ma konnte seine Armee nicht in Frontstellung halten. Schon 1994, bei den Asienspielen in Hiroshima, als unerwartet Dopingkontrolleure aufkreuzten, brachen die Leistungen seiner zehn Läuferinnen ein. Die Erklärung, die der Trainer dafür parat hatte, erstaunte: »Alle wurden vor kurzem am Blinddarm operiert.« Diese vermeintliche Kollektivoperation verhinderte zwar, dass seine Frauen aufflogen – sie liefen unauffällig hinterher und so an den Kontrollen vorbei –, doch noch im selben Jahr begannen heftige Absetzbewegungen aus Mas Armee. Als Erste warf die 1500-Meter-Weltmeisterin von Stuttgart, Liu Dong, das Handtuch und beendete ihre Karriere: »Den Schwierigkeiten mit meinem Trainer Rechnung tragend, habe ich entschieden, mich einem Studium zu widmen«, hieß es in einem Schreiben an die Sportbehörde der Provinz Liaoning. Ein Jahr später berichtete die Pekinger Zeitung »Youth Daily«, dass alle 16 Athletinnen von Ma Junren ihren Coach wegen Differenzen um Preisgelder verlassen hätten. Was macht eine Armee ohne Soldaten? Ma rekrutierte kurzerhand neue. Doch so erfolgreich wie die erste Garde sollte die zweite nicht werden.

Ob es damit zusammenhing, dass der Erfolgstrainer sein brutales Konzept gegenüber seinen Schutzbefohlenen nicht mehr so ohne weiteres durchsetzen konnte? Oder eher damit, dass in dem einsetzenden Kulissenumbau im chinesischen Sportsystem für jemanden wie Ma Junren zu dem Zeitpunkt kein Platz mehr war? In gewisser Weise ließe sich seine Geschichte auch als Paradigmenwechsel im chinesischen Sportsystem lesen: Als Meistermacher alter Schule produzierte er rekordträchtige Nationalgüter en masse, die das in Aufbruch befindliche China zur Stärkung des Patriotismus dringend brauchte. Was Wunder, dass die Pekinger Führung seine Erfolge wohlwollend goutierte.

Doch als es nach wiederholten Dopingeklats und den vielen internationalen Berichten über Drill und Misshandlungen an chinesischen Sportschulen notgedrungen um eine deutliche Imagekorrektur gehen musste, wurde es eng für Trainer Ma aus der Provinz Liaoning. Er war zu ungeschlacht und zugleich zu markant erfolgreich, als dass man ihn in die neue Sportkultur hätte integrieren können. China hatte mit dem Sport Großes vor. Er war Synonym für den Aufstieg. Mit ihm wollte man der Welt die eigenen Fortschritte demonstrieren. Doch mit einem wie Ma Junren war kein Staat zu machen.

Er, der auf dem Motorrad seine Läuferinnen antrieb und sie mit dem Stock triezte, der sie auch nachts laufen ließ, der mit immer neuen drakonischen Disziplinarmaßnahmen aufwartete und Start- und Siegprämien unterschlug, einen solchen Trainer konnte der neue Sport nicht mehr brauchen. Seine Extravaganzen landeten immer weniger, seine öffentlichen Superstorys klangen mehr und mehr suspekt, die Querelen mit dem Staatlichen Sportkomitee häuften sich. Zahlungen, die ihm die Zentralregierung und die Provinzbehörde bereits zugesagt hatten, wurden ihm wieder entzogen. Als seine Athletinnen bei den nationalen Wettkämpfen 1996 nicht antraten und auch sonst keine Normen liefen, war das Maß voll: Vor Atlanta wurde er entlassen.

Es war zu einer Zeit, da im chinesischen Sport viel von der »Konkurrenz der neuen Ökonomie« und der notwendigen »Anpassung an die neuen Kommerzverhältnisse« die Rede war. Eltern schickten ihre Kinder plötzlich eher in die Schule denn zum Sport. Ein Managergehalt schien sicherer als die unsichere Anwartschaft auf olympisches Gold. Das führte bei der Sportförderung zu einschneidenden Veränderungen. Um entsprechende Anreize zu setzen, wurden Sportstipendien auf bis zu 500 Euro im Monat erhöht und das Training auf modernstes technisches Gerät umgestellt. Hallen und perfekte Sportanlagen wurden gebaut. An den Elitesportschulen wurden nun Fächer wie Ernährung und Psychologie unterrichtet. Im Sog von Kommerz und Technisierung drehte der Sport sichtlich auf.

Opake Logiken. In den sorgfältig orchestrierten Modernisierungsprozess platzte aber immer wieder, was der chinesische Sport um jeden Preis loswerden wollte: das eigene Dopingproblem. 1993 wurden bei den 7. Nationalen Sportwettkämpfen elf Athleten überführt, 1994 bei den Asienspielen sieben chinesische Schwimmerinnen, 1997 gab es zwölf Dopingfälle bei den Asienspielen und weitere 22 national. Pausenlos hagelte es Skandale. Als 1998 im westaustralischen Perth die Schwimmweltmeisterschaften stattfanden, wurde schon am Flughafen eine chinesische Schwimmerin abgefangen, mit Wachstumshormonen in der Thermosflasche. Sieben Schwimmerinnen und drei Trainer wurden wegen positiver Tests wieder nach Hause geschickt. Perth wurde zum Synonym für den Dreck in Chinas Sport und zum Fanal für eine anstehende Radikalkur. Die Sache war akut, denn internationale Verbände drohten China nun sogar mit Boykott. Der langjährige chinesische Sportfunktionär Shi Kang Cheng fand auf die internationale Erregung eine ganz eigene Erklärung: »China hat im Kampf gegen Doping immer gnadenlos durchgegriffen«, sagte er 1998 und ging direkt zum Gegenangriff über: »Andere Staaten betreiben eine Doppelmoral, weil sie mit den eigenen Athleten zu lax umgehen.«

Doch realiter war auch dem Letzten in den chinesischen Politkammern klar, dass gegen das Gift im Sport endlich etwas passieren musste. Immerhin stand Sydney 2000 vor der Tür. Immerhin bewarb sich China um die Austragung der Olympischen Spiele. Der ganze Schmutz führte die schönsten Planspiele ad absurdum. Und auch auf internationaler Bühne musste zur Wahrung einer geschmeidigen Geschäftskultur – Stichwort Sponsoren und Fernsehrechte – schnellstmöglichst eine Lösung gefunden werden. Ein wesentlicher Grund, warum die IOC-Spitze während der Winterspiele 1998 im japanischen Nagano intensive Gespräche führte. Das Ergebnis, das das deutsche Exekutivmitglied Thomas Bach deutschen Pressevertretern hernach antrug, war verblüffend: »Es gibt kein systematisches Doping in China«, wusste er zu berichten und nannte dafür »zwingende Gründe«: Zum einen stehe die persönliche Glaubwürdigkeit des chinesischen IOC-Mitglieds He Zhenliang, eines Hardliners aus diktatorischen Uraltzeiten, auf dem Spiel. Zweitens sei die politische Situation in China nicht mit der einer DDR zu vergleichen. Denn China brauche sich beileibe nicht über den Sport zu profilieren. Und drittens würden wirkliche Doper ihre einschlägigen Substanzen wohl nicht in Koffern und Thermosflaschen mit sich herumschleppen. »Präsident Samaranch«, endete Bach, »hat gesagt, Zwang oder Druck ist nicht die Politik des IOC. Wir wollen lieber überzeugen.«

Die opake Logik und Schützenhilfe des ausgewiesenen Wirtschaftslobbyisten Bach half den Chinesen jedoch wenig. Denn auch Sydney wurde zu einer giftigen Schlappe für die aufstrebende Weltmacht. Nachdem das IOC zwei Wochen vor Beginn der Spiele den sogenannten »EPO-Test 2000« eingeführt hatte, musste die chinesische Sportführung 27 Athleten und 12 Trainer wegen positiver Tests aus dem Olympiakader nehmen und zu Hause lassen. Unter ihnen auch Ma Junren, der im Februar 2000 »trotz langjähriger Konflikte«, wie es offiziell geheißen hatte, zurück in die Mannschaft geholt wurde, um als Mittel- und Langstreckentrainer zu reüssieren. Doch Sydney fand ohne ihn statt. Der Grund: EPO.

Angesichts dieser alarmierenden Panne machte Yuan Weiman, Präsident des chinesischen Nationalen Olympischen Komitees, in Sydney gute Miene zum bösen Spiel. »Viele Medaillen« und einen »hohen moralischen Standard« pries er. Es erwies sich als gewiefter PR-Trick, unsaubere Athleten zu Hause zu lassen und das Problem gleichzeitig nicht zu kaschieren. Acht Monate vor der Vergabeentscheidung des IOC für die Spiele 2008 wollte die chinesische Führung keine Fehler machen. Sie feierte Medaillen, keinen einzigen positiven Test und zeigte sich in Sydney sportdiplomatisch von der besten Seite. Sie unterhielt in der australischen Olympiastadt eine Hotelsuite, in der sich die Mitglieder des IOC über Pekings weitgediehene Bewerbung informieren konnten. China bekam die Spiele, in Moskau, im Juli 2001.

Doch Chinas Dopingproblem war durch Image-Politik dieser Art nicht zu entsorgen. Es einfach nur als PR-Problem zu behandeln und Slogans wie »Doping ist die größte Sünde im Sport« zu verlautbaren, schien nicht genug, um die hohe Testanfälligkeit der chinesischen Athleten in den Griff zu bekommen. Das System steckte in der Bredouille. Was war zu tun? Es griff eine bewährte Methode auf: Man sandte lerneifrige Spezialisten in die Welt und holte sich mit Hilfe stattlicher Budgets zugleich ausländische Experten ins Land – gern auch Trainer und Wissenschaftler, die sich durch die eigene Dopingsozialisation ausweisen konnten. Es ging um die Durchsetzung internationaler Standards, um Maßstäbe und Transparenz. Es ging um Labore und Testverfahren und die Professionalisierung von Trainern und Athleten. Es ging, kurz gesagt, um ein brauchbares Regelwerk und die Demarkationslinie zwischen Positiv- und Negativtest.

Was technische Belange betrifft, ist China binnen kurzem tatsächlich Erstaunliches gelungen. Die offizielle Sportadministratur präsentierte stolz allerlei Tatsachen: »Das Jahr 2004 gilt als Meilenstein beim Antidopingkampf in China«, erklärte Zhao Jian, Mitglied des Antidopingausschusses des chinesischen Nationalen Olympischen Komitees. Vom Staatsrat, und damit auf höchster politischer Ebene, wurden erste Antidopingregeln erlassen. Sportbehörde, Handels- und Gesundheitsministerium, Zollverwaltung und staatliches Aufsichts- und Kontrollamt erstellten eine Dopingliste. »Es gibt weltweit nur wenige Länder, in denen ähnliche Antidopingregeln und gesetzliche Vorschriften auf Regierungsebene erlassen wurden«, gab er zu Protokoll. Und er ließ Zahlen folgen: 2001 – offiziell 23 positive Fälle bei 5121 Kontrollen. 2002 – 34 positive Fälle bei 5010 Kontrollen. Wie, wann, unter welchen Umständen bzw. in welchen Sportarten die Tests durchgeführt wurden, darüber gab er keine Auskunft.

Als China dann 2004 in Athen mit lauter negativen Tests und 32 Goldmedaillen brillierte, war klar: Unerhörte Adaptionsenergien hatten es ermöglicht, das System endlich so zu eichen, dass es von da an auf internationaler Bühne ohne Testwackler durchkam. IOC und WADA beklatschten den gemeinsamen Lernprozess. Wenn sich nun internationale Experten nach Peking oder Shanghai aufmachten, trafen sie auf engagierte, gut ausgebildete Leute, die sich dem Dopingproblem in ihrem Land zutiefst verpflichtet fühlten. Man fachsimpelte miteinander, stellte in den neu eingerichteten Laboren die Geräte ein, trank am Abend ein paar Heineken zusammen.

Gesetz der Zahl. Während 2005 in Nanjing die National-
spiele stattfanden, berichteten das zensierte Staatsfernsehen
und andere chinesische Medien so offen wie nie über Manipulationen, Abhängigkeiten und Absprachen. Es waren die
Spiele, bei denen die damalige Halbmarathon-Weltmeisterin
Sun Yingjie, trainiert von Wang Dexian, positiv auf Testosteron getestet und für zwei Jahre gesperrt wurde. Für die Pekinger Sportführung unterlagen Fälle wie dieser fortan dem
Gesetz der Zahl: Es gibt im Land viele Athleten und somit
zwangsläufig einzelne schwarze Schafe. »Der Sport wird immer von Dopingaffären begleitet«, lauteten jetzt die offiziellen Begründungen. »Urteilt nach unseren Testergebnissen.
Kein Generalverdacht, nur weil man seine Leistung steigert.«

Sätze, die schwer nach Kulissenaufbau klangen. Nicht so
sehr deshalb, weil sie zum inzwischen globalisierten Be-
schwichtigungsvokabular des Sports gehörten, sondern weil
es Zahlen gab, die eine komplett andere Geschichte erzähl-
ten: So machte im August 2006 die Sportschule Anshan in
der Provinz Liaoning Schlagzeilen. Ausgerechnet die Schule,
in der Ma Junren Anfang der neunziger Jahre begonnen
hatte, sein perverses Werk mit hochbegabten Mädchen in
Szene zu setzen. Fahnder der Kontrollkommission des Pekinger Sportamtes stürmten nach Angaben der Nachrichtenagentur Xinhua auf einen anonymen Tipp hin die Schule
und beschlagnahmten annähernd 500 Flaschen EPO und
anabole Steroide, mit denen 15- bis 18-Jährige auf einen Pro-
vinzwettkampf vorbereitet werden sollten. Bei der Durchsu-
chung der Schule wurden Trainer dabei ertappt, wie sie zehn
Athleten gerade Injektionen setzten. Im Kühlschrank des Direktors der Schule lagerten 275 Flaschen mit EPO und 124
mit Steroiden.

Chinesische Sportjournalisten überraschte das nicht. Die
Schule sei kein Einzelfall, sagten sie und zeigten sich eher
darüber erstaunt, dass die staatliche Sportverwaltung und

die Antidopingkommission überhaupt in der Provinzschule angerückt waren. Seit langem sei der massenhafte Konsum von Wachstumshormonen, EPO, Anabolika und sogar von Myostatin-Blockern an chinesischen Sportschulen bekannt. Regelmäßig stünden Dealer vor den Schulgebäuden und böten ihre Waren feil. Vielfach fänden sich in der Nähe dieser Schulen – in den Millionenstädten wie in den Provinzgegenden – gebrauchte Ampullen, Spritzbesteck, Tablettenschachteln. Die Indizien, meinten die Journalisten, seien eindeutig.

Dass die Vorfälle an der Anshan-Schule nichts Einmaliges sein konnten, belegt ein Vorkommnis, das als »Operation Raw Deal« in die Annalen der Kriminalitätsgeschichte eingegangen ist. Bei dieser Aktion, die von der amerikanischen Antidrogenbehörde DEA ausging und an der Interpol und Behörden aus neun Ländern beteiligt waren, wurden im September 2007 nach 18 Monaten Ermittlung 11,4 Millionen Einheiten Steroide im Gesamtwert von 50 Millionen Dollar beschlagnahmt, weltweit 124 Dealer verhaftet und 56 US-amerikanische Labore geschlossen, die importiertes Rohmaterial zu Steroiden verarbeitet hatten. Außerdem stellten die Behörden 6,5 Millionen Dollar Bargeld, 25 Fahrzeuge, 3 Boote, 71 Waffen, 27 Tablettenpressen sicher. Die Ermittlungen ergaben, dass 99 Prozent dieser Rohmaterialien aus der Volksrepublik China stammten, und zwar von 37 Produktions- und Handelsstätten, die die Rohstoffe an die amerikanischen Labore geliefert hatten.

Das chinesische Unternehmen GeneScience Pharmaceutical, der größte Fabrikant von Wachstumshormonen in China, wurde im Zusammenhang mit den »Raw-Deal«-Ermittlungen im US-Bundesstaat Rhode Island angeklagt. Die Firma soll das chinesische Wachstumshormon Jinotropon per E-Mail und über Websites verkauft haben. Die Ermittlungen in China selbst dürften sich allerdings wenig aussichtsreich gestalten, da die Firmen Arzneimittel legal herstellten, die im Internet anonym gekauft werden können. Bei Versand bleibt die Ware unmarkiert. Werden solche Fabriken aus welchen Gründen auch immer geschlossen, ändern die Vertreiber lediglich ihre Telefonnummer und Adresse. Alles andere läuft weiter wie vorher. Nach Angaben des amerikanischen Fernsehsenders ESPN werden auf dem chinesischen Pharmaziemarkt inzwischen 67 Milliarden Dollar jährlich umgesetzt, hauptsächlich soll es sich um anabole Steroide und Wachstumshormone handeln, die, weil sie billiger nicht zu haben sind, aus aller Welt nachgefragt werden. Nach Einschätzung der WADA bestreitet China 70 bis 80 Prozent des weltweiten Schwarzmarktes für Wachstumshormone, ein Volumen von etwa 480 Millionen Dollar. Es ist ein rasant wachsender Markt.

Vor diesem Hintergrund wirken die Zahlen, die der chinesische Sportminister Liu Peng ganze drei Monate nach der »Operation Raw Deal«, am 7. Januar 2008, zu verlautbaren hatte, bizarr: 10 238 Dopingkontrollen habe es im Jahr 2007 im Land gegeben. 15 davon seien positiv gewesen. Die Rate liege damit bei 0,2 Prozent und sei die niedrigste seit Einführung von Dopingtests 1990 überhaupt. In Bezug auf die 15 positiv getesteten Fälle meinte Jian Zhixue, Chef der chinesischen Antidopingagentur: »Das hat uns wachgerüttelt, dass es da noch Schlüpflöcher gibt.«

Guanxi-Netzwerke. Wie es um die offizielle chinesische Sportpolitik tatsächlich bestellt ist, könnte erhellen, was sich ausgerechnet zwei Tage vor Liu Pengs öffentlicher Zahlenfarce ereignete. Beim traditionsreichen Marathonlauf im südostchinesischen Xiamen am 5. Januar 2008 lieferte die 18-jährige Zhang Yingying ein sagenhaftes Rennen. Sie gewann die 42-Kilometer-Strecke in 2:22:38 und holte sich damit den Juniorenweltrekord. Ihre persönliche Bestzeit hatte sie erst drei Monate zuvor bei ihrem erst zweiten Lauf über die Distanz in 2:27:20 aufgestellt. Innerhalb von drei Monaten hatte sich Zhang Yingying demnach um fast fünf Minuten verbessert, und das in einer Disziplin, die üblicherweise von Läuferinnen Anfang 30 dominiert wird.

Daran könnte man zweifeln, doch die Sache ist noch vertrackter. Einen Tag nach dem Lauf hatte eine Lokalzeitung nämlich geschrieben: »Merkwürdigerweise waren die Gewinnerin des Xiamen-Laufes Zhang Yingying sowie die Gewinnerin des Pekinger Marathons im Oktober Bai Xue nicht auf der Shortlist der potenziellen Olympiateilnehmerinnen in dieser Disziplin verzeichnet.« Ein Blog glaubte die Hintergründe zu kennen: »Obwohl Bei und Zhang vor kurzem tolle Leistungen gezeigt haben, hatten sie nicht das Vertrauen der Pekinger Sportoffiziellen, und zwar wegen ihrer Verbindungen zu Wang Dexian.« Wang Dexian? Richtig ist, dass die beiden Olympiaanwärterinnen zurzeit bei Wang Deming, dem jüngeren Bruder des wegen Doping und Misshandlung in Verruf geratenen Wang Dexian, trainieren.

Ein winziges Detail, das das Kulissenprinzip des chinesischen Sports, aber auch sein unverändertes Dilemma verdeutlicht: Da ist zum einen die Angst der Offiziellen, eine aufgrund ihres Xiamen-Sieges für die Spiele gesetzte Zhang Yingying liefe im olympischen Sommer 2008 das Rennen ihres Lebens – und gewänne. Internationalen Medien fielen nach der Pressekonferenz der pausbäckigen Marathon-Olympiasiegerin gewisse Verbindungen auf. Wang ... wer noch mal? Das alte Dopingdesaster käme abermals auf den Tisch und stoppte den weltumspannenden China-Hype. Ein Alptraum!

Da wäre zum anderen die Guanxi-Netzwerk-Kultur: eine Doppel- und Mehrfachstruktur, die ein Prinzip des Machtapparats ist, aber vor allem auch zur alltäglichen Überlebensstrategie der Chinesen gehört, mit entsprechend geteilten

Loyalitäten. »Das ist ein komplexes Strukturmerkmal aus Prozessen des offenen Aushandelns von Ansprüchen und Freiräumen einerseits und des eher verborgenen Sicherns von Vorteilen und informellem Einfluss andererseits«, macht der Hamburger Chinaexperte Ole Döring deutlich. »Da China noch nicht wirklich modernisiert ist, bestehen diese größtenteils bewährten Strukturen weiter und lassen sogar neue nach derselben Logik entstehen. Man bedarf allerdings eines Mindestmaßes an Macht und Einfluss, um sich schützen bzw. arrangieren zu können.« Dazu ergänzend Jörg-Meinhard Rudolph vom Ostasieninstitut der Fachhochschule für Wirtschaft in Ludwigshafen: »Alles, was in China mit Macht und Politik zu tun hat, beruht auf persönlichen Beziehungen, funktioniert in seinen organisatorischen Strukturen als Geheimbund, als abgeschottete Organisation, wo keiner weiß, was passiert. Als Individuum haben Sie da keinerlei Rechte.«

Es sind dies Äußerungen, die ein Licht auf chinesische Familienbande wie auf politische Hierarchien werfen. In dieser Guanxi-Kultur liegt scheinbar kein Widerspruch darin, ein staatlich initiiertes Dopingkontrollsystem für »sauber« zu erklären, während im direkten Umfeld der Athleten auf neuestem Stand gedopt wird. Guanxi macht es demnach möglich, das System auszunutzen und zu umgehen. Und es verhindert, dass das für die Beteiligten einen Konflikt darstellt. Eine historisch legitimierte Kulturpraxis, entstanden aus der simplen Logik des Überlebens. China konnte sich auch deshalb so erstaunlich mühelos auf internationale Betrugsstandards in Sachen Doping einstellen, weil Doping ja im Grunde Guanxi zu sein scheint – ein ständiges Austarieren, das Tänzeln um eine Demarkationslinie, eine gute Portion Schmiere, das langwierige Gemauschel.

Als gesichert dürfte gelten, dass das olympische China als Blütezeit der Guanxi-Netzwerk-Kultur in die Geschichte eingehen wird. Das wenigste wird davon überliefert werden. Die Offiziellen werden auf die junge Zhang Yingying nicht verzichten wollen. Denn ein Titel über die Marathondistanz wäre die Krönung. Wang Dexian wird indessen durch den kleinen Bruder sein bewährtes System zu erneuter Wirkung bringen. Der Inkriminierte könnte auf diese Weise doch noch seinen Beitrag leisten, wenn es im Heimatland ums Große und Ganze geht. Ob es aber auch jemanden geben wird, der Zhang Yingyings Weg in die Weltspitze auf sorgsame Weise begleiten und sie vor den systemischen Härten schützen kann, muss unklar bleiben. Damit im Vordergrund das Bild des »sauberen« Sports stimmig bleibt, werden Regierung und offizieller Sport viel Energien darauf verwenden, das Hintergrundgeschehen zu beherrschen. Wie das funktionieren soll? In bewährter Manier: durch Kontrolle.

Bliebe nachzutragen, was aus dem rücksichtslosen Wundertrainer Ma Junren, dem Vorgänger von Wang Dexian, geworden ist, nachdem ihn die chinesische Sportführung ins Aus gesetzt hatte. Ma Junren hat nach seinem Karriereende als Lauftrainer die Provinz Liaoning verlassen und ist nach Peking gegangen. Dort hat er eine Zuchtstätte für Tibetische Doggen – die sogenannten Do-Khyi – eröffnet. Kein Geringerer als Marco Polo hatte diese imposante, offenbar von den Hochebenen des Himalaya stammende Hunderasse als eselsgroß und vorzüglich zur Jagd wilder Tiere geeignet beschrieben. Ma Junren glaubt nun vor allem an die positiven Marktaussichten für seine legendären Do-Khyi. »Diese Zuchtbranche wird der Volkswirtschaft sicherlich einen immensen Gewinn bescheren. Ich bin überzeugt, dass sie eine große Antriebskraft für die wirtschaftliche Entwicklung in China bedeuten wird«, meint der mittlerweile 65-Jährige als Vorsitzender des ersten chinesischen Do-Khyi-Clubs.

128 reinrassige Tibetische Doggen hat er bereits gezüchtet.

9. Bei den Doktoren Xhu und Wu – Was im Olympia-Dopinglabor passiert

*Alle Söhne und Töchter der chinesischen Nation
freuen sich auf die Olympischen Spiele in Peking.*

WEN JIABAO, PREMIERMINISTER CHINAS, 2008

Banner und Zugriffe. Seit Anfang Oktober 2007 steht auf dem Tiananmen-Platz in Peking eine verspielte Öko-Miniatur des Olympischen Dorfes: Fackeln aus roten Blüten, asiatisch biegsame Athleten quietschgrün ummoost, verschnörkelte Spielzeugtempel in einem bunten Pflanzenmeer schwimmend. Am Eingang zur Verbotenen Stadt wird auf einer elektronischen Anzeigetafel der Countdown bis zum Beginn der Spiele gezählt. Die Kulisse soll harmlos wirken, die Stadt zeigt sich eingestimmt und von ihrer besten Seite. Die Pekinger Straßen hängen voll mit riesigen roten Bannern, die die Ehre des Landes preisen.

Die Atmosphäre auf dem Platz des Himmlischen Friedens ist dennoch bedrückend. Nachdem in den Nebenstraßen im Frühjahr 1989 nahezu 800 Studenten ermordet worden waren und Hunderte inhaftiert, ist der Platz einmal mehr zum Herznerv des Landes geworden. Alle Minuten rasen Polizeiwagen heran. Uniformierte springen heraus. Die Wagen ziehen ab, kommen drei Minuten später wieder, lassen Polizisten heraus, laden ein. So geht das unentwegt. Eine Art Rollkommando, das willkürlich jeden mitnimmt, der irgendwie verdächtig ist. Die Parteiführung demonstriert Allmacht. Die Gefängnisse füllen sich. Die Stadt wird »gesäubert«. Der neue Zugriffsmodus, seit März 2008 wirksam, lautet: Kurzhaft für acht Monate, bis die Spiele vorbei sind. Die Mächtigen im Land wollen im August vor allem eins nicht, überrascht werden.

Auf dem Platz sieht man ständig Polizisten, die auf Taschen zeigen. Die Besitzer stocken einen Moment, hocken sich dann widerstandslos auf den Boden, und die Uniformierten durchsuchen ihre Habe. Ab und an zerrt ein Polizist einen Taschenbesitzer hoch, führt ihn am Schlafittchen weg, drückt ihn in eins der heranfahrenden Autos. Das geschieht wie im Fluss. Jeder sieht es. Jeder weiß, was das bedeuten kann. Niemand stört sich daran. Es ist Alltag auf dem Tiananmen-Platz.

Seidenstrumpf-Männer. Eine halbe Stunde etwa braucht das Taxi vom Platz des Himmlischen Friedens bis zum Olympiapark, Termin im Dopinglabor. Auf der achtspurigen Stadtautobahn geht es nur schleppend vorwärts, der Verkehr droht zu kollabieren. Zeit, den gestrigen Tag noch einmal zu vergegenwärtigen – das Treffen mit dem Schriftsteller Zhou Qing. Zwei Jahre lang hatte er Nahrungsmittelfabrikanten und Restaurantbetreiber, Fischzüchter, Bauern, Händler, Ärzte und Konsumenten interviewt und sein Fazit in dem Buch »What Kind of God« festgehalten. Ein Gespräch mit ihm könnte helfen, den Blick auf das dynamische China zu schärfen.

Zhou Qing wohnt am Rand von Peking, im Chao Yang District, einem Vorort mit Tischtennisplatte an der Straße, einer maroden Bar, einer Schule und aufgeregt umherhuschenden Rikschas. Als das Taxi die Stadtautobahn verlässt, klingelt das Handy. Ein Anruf von ihm: Vor seinem Haus stünden nicht nur die üblichen Geheimdienstler, sondern heute obendrein noch vier Polizistinnen. »Aufpassen also«, meint er. Kurze Zeit später ein zweiter Anruf, der darüber informiert, dass soeben ein weiterer schwarzer Wagen vorgefahren ist. Zhou Qings Anweisung: Einer seiner Freunde werde vor der Schule im Ort warten und von dort aus das Geleit geben. »Ist besser so«, meint er knapp und legt auf.

Tatsächlich hat sich die Lage schlagartig verändert. Es gibt Tausende schwarze Limousinen auf den Straßen Chinas, aber die einem folgen, erkennt man sofort. Sie legen es darauf an, erkannt zu werden. An der Schule steht – schon von weitem erkennbar – ein kahlköpfiger Student und winkt. Sein Lehrer schicke ihn, meint er. Während er die Situation erklärt, sieht er sich ängstlich um. Macht der Besuch unter diesen Umständen überhaupt Sinn? In der deutschen Botschaft hatte die Zuständige für »Political Affairs« gesagt, dass ein Treffen mit Zhou Qing keine Gefahr für ihn bedeute. Doch sieht das hier nicht nach etwas anderem aus? Einem selbst wird nichts geschehen, aber wer würde ihn schützen können? Beim dritten Anruf kommt es zur gemeinsamen Entscheidung, dass es keine Begegnung geben wird. Auf der Rückfahrt in die Stadt folgen vier schwarze Limousinen. In der Lobby des Hotels lungern wie zur Begrüßung schon eine Handvoll Männer herum, alle mit Knopf im Ohr und mit eigenartigen Seidenstrümpfen. Es wird die Dauereskorte bis zum Abflug.

Im Olympia-Dopinglabor. Das Taxi hat sich endlich durch den Stau gewunden und hält am Eingang des Olympiaparks, wo sich das neue staatliche Dopinglabor befindet. Polizisten mit weißen Handschuhen stehen am Schlagbaum, kontrollieren Pässe und weisen in Richtung »Vogelnest«, des kühnen Stadionbaus aus verschlungenem Stahl. Seine beiden Schweizer Architekten Jacques Herzog und Pierre de Meuron wünschen dem extravaganten Flechtwerk, es möge für Peking werden, was der Eiffelturm für Paris geworden ist. Riesige Schutthalden, schwarze Polizeibusse mit verspiegeltem Glas, unglaublicher Baulärm: Der olympische »Greenpark«

ist noch in der Keimphase und wird im März 2008 eröffnet werden.

»China wird die saubersten Spiele machen, die die Welt je gesehen hat«, sagt Doktor Xu, der sich den Parlamentariern aus dem Sportausschuss des Deutschen Bundestages, die Ende September 2007 China und dem dortigen Sport einen Besuch abstatten, als Chef im Pekinger Olympia-Dopinglabor vorstellt. Zur offiziellen Begrüßung bittet die chinesische Crew an den runden Tisch und noch einmal ins alte Gebäude, das 1987 für die Asienspiele gebaut und 1989 vom IOC anerkannt worden ist. Wie man wisse, stehe der Umzug in den neuen Bau unmittelbar bevor. Diplomatenparlando auf Autopilot – der Labormeister kann parallel unter dem Tisch unentwegt SMS schreiben und lesen. Während es unter dem Tisch regen Informationsabgleich gibt, berichtet der Meister der Gästedelegation nuancenreich von »high-risk disciplines«. Leichtathletik, Gewichtheben, Radfahren, Schwimmen, Ringen, Judo, Kanu, Rudern sind in seinen Augen Sportarten, die für Doping besonders anfällig seien. Auf die müsse man achten. Die deutschen Parlamentarier nicken. Zwei Minuten später sieht man eine Chinesin mit einem einzelnen Urinröhrchen am Tisch vorbeitänzeln, um den Laborbetrieb zu simulieren.

Nun sind die Gäste an der Reihe. Peter Danckert, Vorsitzender des Sportausschusses, betont zunächst die guten Beziehungen, kommt dann aber direkt zur Sache. Wie es denn nun eigentlich um die Tests stehe, fragt er. »Wie viel Wettkampf- und wie viel Trainingstests werden gemacht? Wie viele Urintests gibt es und wie viele Bluttests?« Doktor Xu lächelt. Das Labor mache kaum Bluttests, zehn Prozent vielleicht. Wie er wisse, sei das im Kölner Labor auch nicht anders. Was die Wettkampftests angehe, liege die Rate um 40 Prozent. Sein Lächeln bleibt unverändert, als er nach Insulin- oder Hämoglobintests gefragt wird. »Ja, natürlich machen wir die«, antwortet er. Warum er das sagt, obwohl es im internationalen Testalltag keine entsprechenden Verfahren dafür gibt, bleibt unerörtert. »Und Gendoping?« Auch dazu lächelt Herr Xu: »Nein, so etwas kennen wir nicht.«

Fünf Minuten später haben die Deutschen mit ihren Fragen die Diplomatie offenbar ausgereizt. Doktor Xu bittet in das neue Labor. Die technische Supernova, kaum 30 Meter vom alten Haus entfernt, soll ab November 2007 höchste Standards garantieren. »Das Labor wird das größte der Welt«, sagt Herr Xu. 4500 Dopinganalysen seien für die Spiele 2008 geplant. In Athen gab es nur 3000. Der Chef zeigt in die leeren Räume, auf herumstehende Kisten. »Das sind schon die neuen Geräte«, betont er. Man kann sich das alles gut in Aktion vorstellen. Dieser Ort wird der Dreh- und Angelpunkt der Spiele, die innerste Kammer des Festes. Hier heißt es Ja oder Nein, positiv oder negativ. Hier wird das Bild entschieden. Deshalb wird man in diesen Räumen nichts dem Zufall überlassen.

Auch Doktor Xu ist Teil der Inszenierung. Denn normalerweise sitzt Doktor Whu, der in Heidelberg studiert hat und sehr gut Deutsch spricht, als Chef am Konferenztisch. Er ist der tatsächliche Leiter des Labors. Doch bei dem Treffen mit höchsten deutschen Sportpolitikern ist er nicht anwesend. Im Kölner Dopinglabor erinnert man sich noch gut an die beiden Herren Whu und Xu, die im Sommer 2007 für zwei Wochen zu Gast waren. Auch daran, dass Meister Xu jedes Mal hektisch verschwand, wenn es um ein gemeinsames Foto ging. Der Mann mit dem Dauerlächeln legte größten Wert darauf, dass seine Deutschlandreise undokumentiert blieb.

Der Informationsaustausch zwischen deutschen Politikern und chinesischen Dopingspezialisten ist kurz, einiges bleibt offen. So kommt nicht zur Sprache, wer während der Spiele die Abläufe im Labor eigentlich koordiniert und de facto überwacht. Wie üblich finden die Kontrollen unter der Oberaufsicht des IOC statt, wie üblich sind internationale Experten akkreditiert. Doch die Entscheidungshoheit über das Laborgeschehen dürfte trotz allem der chinesische Geheimdienst innehaben. Welches Personal wird hier arbeiten, wer wird die Proben codieren? Wer hat Zugang zu den Laborräumen? Wer sichert ab, dass Tests intern nicht ausgetauscht, aber auch nicht verdreckt und Athleten damit belastet werden können? Wer gewährleistet das Feintuning der hochsensiblen, komplexen Geräte? Die australische Zeitschrift »Science of Sport« schrieb im Januar 2008, dass zu den Pekinger Spielen über 100 neuartige Dopingsubstanzen erwartet würden. Wie ist das Pekinger Labor darauf vorbereitet? Wäre nicht eine Substanz der Kategorie EPO schon genug, um den Sommer 2008 zum chemischen GAU werden zu lassen?

Und es gäbe noch ein paar weitere Fragen: Da die chinesischen Kontrollen zu 40 Prozent Wettkampftests sind und zu insgesamt 90 Prozent aus Urinproben bestehen, könnten für das gesamte Jahr 2007 im ganzen Land annähernd 600 verwertbare Kontrollen veranschlagt werden. Ist das für ein derart hochgelobtes System nicht ein bisschen dürftig? Und wie sollte man die Sache mit den selbstverständlichen Insulin- und Hämoglobintests verstehen? Des Weiteren wies der ehemalige WADA-Chef Richard Pound im November 2007 darauf hin, dass es zwar im Rahmen von internationalen Tests – wie durch die beauftragte schwedische Agentur IDTM – im Prinzip kein Problem sei, Zugang zu den chinesischen Athleten zu erhalten, doch sei es »etwas schwieriger, beispielsweise Zugang zu einer Militärbasis zu erhalten, wo sich Trainingsstätten von chinesischen Spitzensportlern« befänden. Doch was geschieht dort? Die Abschottungspraxis macht das chinesische Kontrollsystem nicht unbedingt glaubwürdiger. Wie berichtet, verschwanden bereits vor Jahren 50 von 100 hoffnungsvollen Schwimmrekruten auf dem

Weg in eine der Pekinger Eliteschulen. Sind sie in eine der Militärbasen verbracht worden? Was weiß man über die Möglichkeiten der Leistungssteigerung mittels chinesischer Medizin, auf die einheimische Journalisten seit geraumer Zeit immer wieder hinweisen? Eignet sich dieser kaum zugängliche und erhellte Komplex nicht bestens als Maskierungsmöglichkeit für konventionelles Doping? Und wie steht es um das Thema Gendoping – mal abgesehen von den Myostatin-Blockern, die an den Eingängen chinesischer Sportschulen offenbar en masse angeboten und gekauft werden?

Wildwüchse. »Wir müssen uns in China zum Glück nicht gegen verkalkte Strukturen behaupten. Dass all dies neu entsteht, ist ein großer Vorteil«, sagt Jiang Chao, Präsident der Medizinischen Universität zu Dalian, und meint die immensen Entwicklungen auf dem Feld der Bio- und Nanotechnologie seit Mitte der neunziger Jahre. Seit einiger Zeit gilt China als Weltmacht auf dem Gebiet genetisch veränderter Organismen. Vor allem das Moratorium der Europäischen Union hatte dem Land einen strategischen Vorteil auf diesem Terrain ermöglicht, den es direkt umzusetzen wusste. Mittlerweile investiert kein Land – mit Ausnahme der USA – so viel in die Biotechnologie wie China. Die Zuwachsraten in der Bruttoproduktion sind enorm und verdoppeln sich alle vier Jahre. Über 50 000 Wissenschaftler arbeiten in diesem Sektor, jährlich kommen 4500 Forscher dazu, und er ist vor allem durch Stammzellenforschung und Gentherapien sehr aussichtsreich aufgestellt. Gelockt von niedrigen Lohnkosten, Steuervergünstigungen, politischer Protektion und oft ausgezeichneter Infrastruktur haben ihn auch ausländische Pharmakonzerne längst als ihr Eldorado entdeckt. Engagierte Forscher, ausländische wie inländische private Investoren und die Regierung, die die Biotechnologie als eine der »sechs Schlüsseltechnologien für zukünftiges Wachstum zwischen

2005 und 2010« setzt und sie als »staatliches System, das Innovationen stimuliert«, behandelt – ein Interessenknäuel, das den chinesischen Biotech-Clustern zugrunde liegt und sich in einer wirren Gemengelage aus kleineren Start-up-Unternehmen und hochdotierten staatlichen Stammzellforschungsinstituten zeigt.

Wo alles billig ist und weitgehend unreguliert zugeht, ist Missbrauch nicht weit. Seit Jahren warnen Experten davor, dass in China hemmungslos am Menschen experimentiert und der Körper zunehmend kommerzialisiert wird. Der Technikboom wird bisher von keinem nennenswerten ethischen Diskurs begleitet und problematisiert. Die Gesellschaft laboriert an der Koinzidenz teils völlig widersprüchlicher Werte. Chinesische Wissenschaftsjournalisten verweisen in diesem Zusammenhang besorgt darauf, dass ihr Land »zum Versuchslabor der Welt« geworden ist. Dies belegen beispielsweise die dokumentierten Fälle internationaler Forschungspiraterie, bei denen sich ausländische Pharmakonzerne, ohne Exportbeschränkungen und ethische Richtlinien zu beachten, das Blutmaterial verarmter Chinesen besorgten.

Die unkontrollierte Ansiedlung kleinerer Forschungsinstitute in den Provinzen, umstrittene Anwendungen, kaum gesicherte Lizenzierungsauflagen und erschlichene Kompetenzen scheinen zum Geschäftsmodell chinesischer Biotechnologie zu gehören. Den Nachweis ethisch unbedenklicher Prozeduren sowie den »Informed Consent« von »Spendern« oder Patienten gibt es in China kaum. »Die informierte Zustimmung ist in der klinischen Forschung in China noch immer ein großes Problem«, sagt Zhu Wei, Mitarbeiterin der medizinischen Abteilung der Fudan-Universität. Dies hat vor allem damit zu tun, dass das chinesische Gesundheitssystem eine strukturelle Besonderheit aufweist: Chinesische Kliniken sind grundsätzlich kommerziell ausgerichtete Einrichtungen, ihre Ärzte agieren als private Unternehmer, woraus sich eine heikle Verschränkung von Therapie und Forschung ergibt. Patientenschutz und die lukrative Gewinnung von Forschungsmaterial liegen in einer Hand, was einer regulierten und zuoberst am Patientenwohl ausgerichteten Forschung nicht gerade Vorschub leistet.

Während China auf den internationalen Märkten zunehmend seine »medicine of tomorrow« anbietet, gleicht das eigene Forschungssystem eher einem Schwarzen Loch. Notwendige Regularien sind nicht strafbewehrt, das Recht auf die Unversehrtheit des Körpers ist keine justitiable Ansage. Teile der Gesellschaft beschleunigen sich rasant, es geht allein um Pragmatismus und schnelles Geld. Zugleich findet eine unvordenkliche Ausplünderung des chinesischen Volkes statt, die unter meistbietender Beteiligung des Westens geschieht. Angesichts dieser Effizienzmanie und des herrschenden Erfolgseifers ist es eher unwahrscheinlich, dass sich Gendoping nicht auch im chinesischen Elitesport bereits etabliert hat. Warum sollte ausgerechnet eine ausgewiesene Diktatur zur letzten Hüterin der Moral werden?

Gefängnisse und Fan-Tickets. Die Olympischen Sommerspiele in Peking könnten zu einem historischen Ereignis werden, zumindest zu einem Ereignis, in dem sich unsere Zeit selbst erkennt. Die Event-Maschine ist angelaufen, die große Bühne aufgebaut, der olympische »Greenpark« eröffnet, das Sponsoring läuft auf Hochtouren, die Logistik steht, die Pekinger Luft ist sauber, weil die Fabriken auf offiziellen Befehl abgestellt sind, die Hauptstädter spucken nicht mehr auf die Straße. Es wird an alles gedacht sein – an Athleten und Gäste, an Militär und Pekingenten, an Wimpel und Fahnen, an Gefängnisse und Reden. China will, dass das große Treffen mit der Welt gelingt. Und die hat ihr Fan-Ticket längst gebucht. Was bekommen wir Fans zu Gesicht? Vor allem: Was nicht?

In einem Interview mit der »Süddeutschen Zeitung« wurde IOC-Chef Jacques Rogge Ende 2007 darauf angesprochen, dass sich die Menschenrechtssituation in China vor den Spielen deutlich verschlechtert habe. Seine Antwort: »Ist das Glas halbvoll oder halbleer? Ich sehe es halbvoll. Die Menschenrechtsorganisationen sehen es halbleer. Das ist ihre Aufgabe und der Unterschied zwischen uns.« Tatsächlich konstatieren Amnesty International und Human Rights Watch in ihren »World Reports 2008«: »Die chinesische Regierung schränkt die Grundrechte ihrer Bürger, insbesondere das Recht auf freie Meinungsäußerung, die Versammlungsfreiheit und die Religionsfreiheit, ein oder verweigert diese ganz. Der Polizei- und Sicherheitsapparat unterwirft Bürgerrechtler, Regimekritiker und Demonstranten weiterhin einem mehrstufigen Kontrollregime. Dieses umfasst administrative Maßnahmen, Einschränkungen bei der Berufswahl, Reisebeschränkungen im In- und Ausland, die offene oder verdeckte Überwachung von Telefon- und Internetverbindungen, Entführungen und Isolationshaft sowie rechtlich nicht legitimierten Hausfriedensbruch.«

Konkret verweisen beide Berichte auf eine zunehmende Kontrolle der sich stark entwickelnden Print- und Onlinemedien. 35 000 Polizeibeamte kontrollieren das Internet rund um die Uhr. Offiziellen Schätzungen zufolge wurden seit April 2007 mehr als 18 000 persönliche Blogs und Internetseiten aus dem Netz genommen, etliche ihrer Betreiber verhaftet. Im August 2007 weiteten die Behörden ihren Aktionsradius aus und schlossen zahlreiche Rechenzentren. Chinesische Journalisten werden bedroht, niedergeschlagen oder verhaftet, wenn sie über Themen berichten wollen, die parteikritisch sind. Die Reform des Rechtssystems wurde auf dem Papier zwar stark vorangetrieben, doch wenn gewöhnliche Bürger ihr Recht in Anspruch nehmen wollen, stoßen sie auf unüberwindbare Blockaden. Menschenrechtsanwälte und Regimekritiker geraten vor den Pekingspielen zunehmend ins Visier der Kommunisten und werden kriminalisiert, verhaftet, gefoltert oder wahlweise einfach unter Hausarrest gestellt.

Am 18. Februar 2008 veröffentlichte die Nachrichtenagentur dpa eine Meldung mit dem Titel »Chinas Militär verstärkt Antiterror-Training«. Nach Angaben der amtlichen Nachrichtenagentur Xinhua hatte ein Offizier der Volksbefreiungsarmee gesagt: »Dieses Jahr stellt eine besondere Herausforderung dar. Wir haben ein umfassendes Trainingsprogramm vor den Spielen angesetzt, um gegen jede mögliche Bedrohung gewappnet zu sein.« Im Juni 2007 wurde eigens für die Spiele eine Sondereinheit aus Heer, Marine und Luftwaffe gegründet. Die Spezialgarde soll »Störungen durch Organisationen verhindern, die während der Spiele Druck auf die Regierung ausüben können«. Dazu zählen auch »terroristische ostturkestanische Organisationen«, »Anhänger der in China verbotenen Kultbewegung Falun Gong« sowie »tibetische Separatisten«. Tausende, die man zu Gegnern des Regimes gemacht hat, sitzen inzwischen in den Laogoi-Lagern.

Anlässlich dieses Lagersystems, durchaus vergleichbar mit den russischen Gulags, verabschiedete der Bundestag am 10. Mai 2007 eine Resolution, in der alle Parteien – außer der »Linken« – es entsprechend verurteilen. In der Debatte dazu hieß es: »In über 1000 Gefängnissen, Arbeitslagern und angeblichen psychiatrischen Kliniken, die ihren Ursprung in der Mao-Zeit haben, werden Andersdenkende ohne rechtsstaatliches Verfahren inhaftiert und ›politisch umerzogen‹. Die Zahl der Inhaftierten beträgt nach offiziellen Angaben 200000. Nichtregierungsorganisationen gehen von einer weit höheren Zahl aus. Die Häftlinge werden auf unterschiedliche Art gefoltert. Ihr Tod infolge von Unterernährung, Überarbeitung, Erschöpfung und Folter wird billigend in Kauf genommen.« Falun-Gong-Praktizierende dokumentierten im Internet allein für die Jahre zwischen 1999 und 2006 die Namen und Schicksale von 3118 zu Tode Gefolterten.

Geteilte Welten. Was wird das für ein Fest? Wieso können es sich sowohl IOC als auch DOSB leisten, solche Fakten zu ignorieren? Warum reagieren sie nicht mit konkreten Forderungen darauf? Was sollen die Nebelkerzen, wo doch die politische Situation Chinas realiter eine komplett andere ist? Wie ist es möglich, dass der offizielle Sport unter Umständen wie diesen die olympische Bewegung als eine Kraft beschwört, die per se das Gute befördert?

1980 verkaufte das IOC die Fernsehrechte an den Moskauer Spielen für 100 Millionen Dollar. Die Übertragungsrechte für Peking bringen dem Komitee über zwei Milliarden Dollar ein. Rechtfertigt das Geld diese Lügen? Oder sollte sich hinter der fetten Summe nicht vielmehr eine neue Axiomatik des Sports zeigen, die unter den Pekinger Bedingungen nur umso sichtbarer zutage tritt? Der Sport ist im Begriff, seine bisher gültigen Referenzen und Standards zu entsorgen. Die großartige Idee des Amateursports ist tot, mithin die Idee, dass Leistungen unter gemeinsam akzeptierten Regeln zustande kommen sollten. Doch ist es in einer Gesellschaft, die sich systematisch, mit allen Mitteln und jeder Faser auf Leistung trimmt, nicht geradezu bigott, andauernd einzelne Athleten zu skandalisieren, die zufällig mal aufgeflogen sind? Wie steht es um die Möglichkeit eines sauberen Sports, wenn das stolz ausgerufene, teure Testsystem so völlig nutzlos und der genfrisierte Athlet längst kein Menetekel mehr ist, sondern breitenwirksame Realität?

Auch der olympische Gedanke wird wohl im Pekinger Trauerspiel seinen Schlussakt erleben. Wenn IOC und DOSB auf so kategorische Weise eine Diktatur stützen, die Menschenrechte verraten und die eigene Charta missbrauchen, muss man anerkennen, wie es um diese honorigen Institutionen steht. Die vielbeschworene Autonomie des Sports hat es nie gegeben und vor allem gibt es sie heute nicht.

Den Sportoberen sollte es nicht mehr gestattet sein, sich ihre olympischen Verpflichtungen nach Maßgabe des eigenen wirtschaftslobbyistischen Engagements zu organisieren. Die Spiele der Welt sind kein Selbstbedienungsladen. Und es sollte auch keiner Diktatur mehr Gelegenheit gegeben werden, das große Fest nach eigenem Gutdünken zu missbrauchen. Olympische Spiele sind keine Trickkiste. Vor diesem Hintergrund dürfte Peking 2008 in mehr als nur einer Hinsicht ein pompöser Ausverkauf werden.

Vermutlich wird es während der Spiele keinen positiven Dopingfall eines chinesischen Athleten geben. Vielleicht einen, Prinzip Opferlamm. Die Weisungen und Wünsche der höchsten Parteigremien wusste man noch immer durchzusetzen. Es wird Medaillen geben, viel Jubel und mit einer gehörigen Portion Chemie ausschließlich blauen Himmel. Was Moskau 1980 hinbekommen hat, dürfte für Peking 2008 erst recht kein Problem werden. Man wird wieder diese Sätze hören, wie es war mit dem unerwarteten Formhoch und über das kaum vorstellbare Glück, in Peking Gold gewonnen zu haben. Die Fans werden staunen, klatschen und sich dabei fragen, warum diese Sätze irgendwie nicht mehr wie früher klingen.

Peking 2008 wird uns einen Eindruck davon geben, dass wir das Spiel so nicht mehr weiterspielen können. Darin scheint seine Funktion zu liegen. Insofern ist es ein vorläufiger Kulminationspunkt. In Hinblick auf die modernste Form einer Diktatur unentwegt mit schlichten Glaubenssätzen von Liberalisierung und Öffnung zu hantieren, ist gezielt verantwortungslos. Wunschannahmen, Klischees und gediegene Illusionen bringen uns nicht weiter. Wenn die Olympischen Spiele 2008 ohne nennenswerten Einspruch seitens der westlichen Welt stattfinden können, haben wir uns nicht nur schuldig gemacht, sondern sind unsererseits auch ein Stück unfreier geworden. China erzählt uns in besonderer Weise auch etwas über uns selbst, über unsere politischen Ansprüche, über unsere Menschlichkeit, ob wir bereit sind, uns mit Hunderttausenden chinesischen Inhaftierten solidarisch zu zeigen. Dazu braucht es keinen Boykott, aber es verlangt, dass wir auf universale, unteilbare Werte beharren.

Der Sport wird sich neu austarieren. Wenn es tatsächlich um ein neues Verhältnis zwischen Sport und Gesellschaft gehen soll, wird es nicht reichen, stur auf ewig gleiche Rhetoriken und Rituale zurückzugreifen. Weiß eigentlich noch jemand, wozu es Medaillen und Rekorde gibt? Ist mit all den Toten und Geschädigten im Mutantensystem Sport dessen Preis nicht längst viel zu hoch? Ist die Politik überhaupt noch in der Lage, die Gesundheit von Athleten zu gewährleisten, wenn Gendoping mehr und mehr Einzug hält?

Könnte es nicht sein, dass die machtgewissen Politakteure auf der Pekinger Bühne schon jetzt ziemlich alt aussehen? Dem Sport wächst in unserer spannungsreichen, fragmentierten Welt eine faszinierende, neue Rolle zu. Er ist – obwohl er das noch bequem leugnet – eine durch und durch politische Veranstaltung. Aber er wird sein opportunistisches Lavieren aufgeben müssen, oder er verfehlt seine Verantwortung als ein einzigartiges Demokratieprojekt.

Wer wollen wir sein? Wie weit wollen wir gehen? Die Gesellschaft wird nicht umhinkönnen, die Integrität des menschlichen Körpers endlich ernst zu nehmen. Denn er ist nicht lediglich ein Exerzierfeld und bloßes Material der momentanen Effizienzgier. Er beansprucht unsere Sorgfalt, muss rechtlich geschützt sein, es braucht politische Absicherung und die Möglichkeit moralischer Korrektive.

Solange die Gesellschaft keine klare Haltung hat, mit was für einem Körper sie leben will, wird es immer weiter gehen – mit dem System Doping.

»Ein Land regieren ist wie einen Bus steuern. Es muss aber auch jemanden geben, der ihn fahren kann«

Interview mit Zhou Qing, chinesischer Schriftsteller und Regimekritiker

1965 in Xi'an, Provinz Shaanxi, geboren, studierte Zhou Qing am Lu Xun Literary Institute und an der Northwest University in Xi'an. Von 1985 bis 1987 war er Chefredakteur der Zeitschrift »Unter dem Volk«. Im Sommer 1989 wurde er verhaftet und kam ins Gefängnis. Nach der Entlassung 1992 war er Chefredakteur einer Tageszeitung. Als diese verboten wurde, ging er nach Peking und lebt dort seitdem als Schriftsteller. Er ist Redakteur von Kulturzeit-schriften, leitet das Museum of Oral History und ist Mitglied des chinesischen PEN. 2004 erschien sein Reportagebuch »What Kind of God. A Survey of the Current Safety of China's Food«, das für den »Lettre Ulysses Award« nominiert wurde.

Sie sind Experte für chinesisches Essen. Deshalb als Erstes die Frage: Wird es tatsächlich extra für die Pekinger Spiele Olympia-schweine geben?

Das ist kein Witz. Für mein Buch hatte ich die Zustände in der chinesischen Lebensmittelindustrie recherchiert: Mit DDT werden Gurken haltbarer gemacht. Verhütungsmittel beschleunigen das Fischwachstum. Hormone werden zu Nahrungsmittelzusätzen. Fast überall wird mit Industriesalzen gearbeitet. Die Tiere werden mit jeder Menge Antibiotika, Wachstumshormonen und Gentherapien hochgezüchtet. Nun soll es bei den Pekinger Spielen spezielles, sauberes Schweinefleisch für die ausländischen Athleten geben.

Ein Volk vergiftet sich selbst?

Ins Essen gerührt wird alles. Entscheidend ist allein, dass es die Produktionskosten senkt. Es gibt keinerlei Aufklärung über die Chemie in den Nahrungsmitteln. Entsprechende Informationen lässt man gezielt in Chinas unendlicher Bürokratie versanden. Eine Angelegenheit der politischen Korruption und der mafiösen Strukturen.

Wissen Sie etwas über die Folgen des Gifts?

Am meisten leiden die Kinder. Bei den Mädchen setzt die Geschlechtsreife bereits vier Jahre früher ein als normal. Viele Jungen werden unfruchtbar. Schon die Babynahrung ist häufig völlig verseucht und führt zu Missbildungen bzw. Schwersterkrankungen. Jährlich werden zwischen 200 000 und 400 000 Chinesen zu Opfern dieser Lebensmittelkatastrophe. Ein Drittel der Krebserkrankungen, die übrigens epidemisch zunehmen, sind allein darauf zurückzuführen.

Wie haben Ihre Landsleute die Informationen aufgenommen?

Mein Buch ist sofort nach Erscheinen in China verboten worden. Genauer: Das Buch wurde zwar gedruckt, aber nie ausgeliefert. Die Veröffentlichungspolitik der chinesischen Regierung ist seit geraumer Zeit deutlich raffinierter geworden. Sie lässt sich nur noch selten auf ein unmittelbares Verbot ein. Als ich das Buch nach einer Weile in keinem einzigen Buchladen finden konnte, rief ich die Kontrollstelle an. Dort sagte man mir: Ja, das Buch ist gar kein Problem, aber der Autor.

Können Sie etwas zu der politischen Geschichte des Schriftstellers Zhou Qing sagen?

Die ist ganz schnörkellos. Ich wurde in Xi'an geboren, ging da in die Mittelschule und studierte später am Lu Xun Institut in Peking Literatur. Anfang 1989 gründete ich mit Freunden eine Zeitschrift. Sie hieß »Forum für Demokratie und Freiheit«. Ende April 1989 schrieb ich in ihr einen Artikel mit dem Titel »Sturz der Schurkenregierung«. Das war's.

Sie landeten im Gefängnis?

Nein, ich wurde durch und durch politisch und organisierte als Erstes eine Demonstration mit 600 000 Leuten. Am 19. Mai 1989 trugen wir einen Sarg durch Xi'an, auf dem stand: »Entweder begraben wir jetzt die Diktatur oder die Demokratie«. Dann musste ich fliehen. Ich zog kreuz und quer durch Shaanxi, schlief jede Nacht in einem anderen Dorf. Eine irre Zeit. Seitdem weiß ich eines ganz genau: wie groß die Sehnsucht der Chinesen nach Demokratie und Freiheit ist. Niemand, der mir in diesen Wochen nicht geholfen hätte. Alle gaben, was sie konnten. Für unser Land war das ein besonderer Sommer. Sogar die Diebe haben gestreikt und aufgehört zu klauen. Sogar sie wollten ein anderes Leben.

Wo flieht man denn hin, wenn sich die Macht nicht ändert?

Nach vier Monaten gab ich auf. Die Gefahr für all die, die mich versteckten, wurde mit jedem Tag größer. Ich ging nach Xi'an zurück und wurde sofort verhaftet. Man brachte mich ins Untersuchungsgefängnis der 5. Abteilung der dortigen

Sicherheitsbehörde. 30 Leute in einer Zelle von 18 Quadratmetern. Die anderen 29 waren alle zum Tode verurteilt. Jeden Tag saß mir ein anderer gegenüber, mit dem ich die letzte Reisschüssel teilte. Zwei Jahre saß ich in Untersuchungshaft. Dann kam der Prozess. Die übliche Propaganda-Show. Ich wurde zu drei Jahren Gefängnis verurteilt und landete im Arbeitslager Zaozihe, in der Provinz Shaanxi.

Sie waren sehr jung – 25, 26 Jahre.

Jung genug jedenfalls, um eine Flucht zu versuchen. Mit einem Freund feilte ich nächtelang die Gitterstäbe durch. In der Nacht, als wir ausbrechen wollten, griffen mich die Wärter ab.

Jemand hat Sie verraten?

Ja, der Freund, mit dem ich fliehen wollte. Er war ein Spitzel. Man steckte mich in eine Dunkelzelle, für 51 Tage. Nicht die üblichen Handschellen, sondern Eisenhandschellen. Die sind kälter und besonders brauchbar fürs Foltern. Hier, meine Handgelenke, meine Finger. Gebrochen. Die Tage im Dunkeln kosteten mich fünf Zähne. Als ich rauskam, hatte jeder Verbrecher im Knast Respekt vor mir. Die wussten, was das bedeutet.

Womit fängt man denn wieder an nach einer solchen Zeit?

Es ergab sich die Möglichkeit, eine Zeitung in Xi'an zu machen. Sie hatte eine Auflage von 400 000. Irgendwann rief mich der Bürgermeister an – wir kannten uns – und sagte, dass er nicht mehr schlafen könne. Er habe den Eindruck, er sitze wegen mir und der Zeitung auf einem Pulverfass. Klar, in einer Diktatur sind Informationen das Wichtigste.

Es war ein kritisches Blatt?

Es fing gerade an, Format zu entwickeln, als es verboten wurde. Ich verließ Shaanxi und ging nach Peking. Seitdem lebe ich da. Bevor ich das Buch über das verseuchte Essen schrieb, wollte ich ursprünglich eines über den geistigen Müll im Land schreiben: über das chinesische Anmeldesystem zum Beispiel, das 800 Millionen Bauern ortlos gemacht hat. Oder über die einfache Tatsache, dass Städter in unserem Land nachweislich 13-mal mehr wert sind als Bauern.

Wie kommen Sie an solche Informationen?

Das erzählen Gerichtsurteile, die mir zugespielt werden. Ab und an steht auch mal was in der Zeitung. Und ich bin viel mit Leuten in Kontakt. Es ist entsetzlich zu sehen, mit welcher Leichtigkeit eine Diktatur den Einzelnen erledigt, die Masse verdummen lässt und uns in die Staatsmaschine einfügt. Die Partei hat die Herzen der Menschen verdorben. Eine Betrugsgesellschaft mit viel Vitamin B oder – wie es bei uns heißt – Xang Chi. Die das System ertragen müssen, sind auf größtes Leid trainiert. Wir haben nicht gelernt, Schmerz zu zeigen.

Und Ihre Bücher wollen vormachen, wie das geht?

Ja. Die Menschen wissen nicht mehr, was Gut und Böse ist. Die Gesellschaft ist völlig entgrenzt. Die Partei wird hoffentlich in fünf Jahren nicht mehr da sein – aber was kommt dann? Ein Land regieren ist wie einen Bus steuern. Es muss aber auch jemanden geben, der ihn fahren kann.

Soll heißen: Bei Ihnen kann man einen Führerschein in Sachen Demokratie machen?

Die Rechtsanwälte Gao Zhisheng, Li Heping und Zhu Jiuhu sind alle drei nacheinander verhaftet worden. Sie wurden geschlagen, man zog sie nackt aus, ihre Beine waren ganz blau von Elektroschocks. Lange Zeit wusste man nicht mal, wo sie abgeblieben sind. Die Wahrheit aber ist: Sie sind da. Die Regierung weiß, dass sie Menschen wie diese nicht brechen kann. Das ist die Rolle der Intellektuellen.

Die Chinesen zu ermutigen, Bus fahren zu lernen?

Es gibt die Rechte des Fahrers, der Fahrgäste und der Fußgänger. Da kommt schon einiges zusammen, wenn das funktionieren soll. Das will geübt sein. Ich war vor Jahren eine Weile in Moskau, weil ich wissen wollte, wie das neue Russland funktioniert. Als ich wegfuhr, dachte ich: Wie schrecklich, wenn uns dasselbe passieren würde. Die Ursache für den Zustand da ist, dass es keine demokratische Kraft gab, die das alte System gestürzt hat. Sonst wäre Putin so nicht möglich gewesen.

Es geht um demokratischere Strukturen heute und um Konzepte für die Zeit nach der Kommunistischen Partei Chinas?

Meine Hoffnung sind die Rechtsanwälte, die Umweltkämpfer, die Untergrundkirche und Falun Gong.

Aber die sind in einer sehr schwierigen Situation.

Nicht schwieriger als sonst auch. China ist eine Diktatur. Das Schwierige ist, zu sehen, was passiert.

Wenn es im Westen um die Frage geht, wohin China steuert, heißt es hauptsächlich: Die Wirtschaft ist ein Garant für den Übergang in die Demokratie und die Kommunistische Partei die einzige regulierende Kraft dafür.

Das ist eines der großen Missverständnisse der westlichen Welt. Nein, die Partei produziert nur Kosten und hemmt in ihrem Wahn das Volk. Unterschätzen Sie nicht, dass es vor allem die Diktaturen sind, die die Welt gefährden. Man sieht es jetzt nicht, aber diese Partei wartet. Sie wartet so lange, bis ihre Probleme globale Probleme geworden sind. Schauen Sie sich die Zerstörung der Umwelt an!

Außerdem heißt es oft, dass das China von 2008 nicht das China von 1988 oder 1998 sei. Man müsse die Veränderungen sehen.

Die DDR von 1960 war auch nicht die DDR von 1985. Das Entscheidende sind immer die Machtverhältnisse, und die sind unverändert. Alles andere sind Pseudoannahmen. Die gehen immer zu Lasten der Menschen, die in den Gefängnissen sitzen oder irgendwie anders in diesem Land verrückt werden. Natürlich gibt es einen Wirtschaftsboom in China, aber nicht mal bei dem weiß man, ob er nicht eher eine Falle ist. Der einzige politische Wandel, den es in den letzten 20 Jahren in China gegeben hat, ist der von einer uninformierten zu einer informierten Diktatur.

Sie beziehen sich aufs Internet?

Das hätte die Partei echt gefährden können und hat dem Geheimdienst anfangs ja auch wirklich einiges abverlangt. Heute weiß er, wie er es zensieren muss. Jetzt haben die Chinesen zwar auf alle möglichen Nachrichten aus der Welt Zugriff, aber dürfen noch immer keine Versammlungen mit mehr als 14 Personen abhalten. Sie können jede Wahl in der Welt verfolgen, aber sie dürfen selbst nicht wählen. Sie wissen genau, in welchen Ländern demonstriert wird, aber sie bekommen keine Erlaubnis für eigene Proteste.

Amnesty International und Human Rights Watch sagen, die Menschenrechtssituation in China habe sich im Vorfeld der Olympischen Spiele sogar verschlechtert.

Es ist ungemein interessant, was im Moment in China passiert. Einerseits gibt es den repressivsten Zugriff von Seiten der Polizei und des Geheimdienstes, den man sich vorstellen kann. Woche für Woche werden Leute verhaftet. Die Macht zeigt Nerven. Andererseits erinnert mich die Stimmung aber auch an das Frühjahr 1989. Es knistert. Die Leute mucken auf, starten Aktionen, rotten sich binnen Sekunden zusammen, protestieren. Sie wehren sich. Ein Gefühl von Aufbruch. Mal sehen, was draus wird.

Wie wird die oberste Machtriege so eine Stimmung steuern? Aufruhr während der Spiele dürfte ein Alptraum sein.

Im Moment geht es in den Medien und überall nur um Patriotismus. Absurd das ganze Tamtam, zum Beispiel die schreckliche Werberei im Staatsfernsehen. Junge Frauen trainieren mit Stöckchen im Mund Dauerlächeln. Andauernd zeigt man Filme, in denen sich unsere Athleten bloß mit Hilfe chinesischer Heilmedizin auf ihre Siege vorbereiten.

Alles nur eine Inszenierung?

Die chinesische Führung braucht die Spiele nach außen wie nach innen. Nach außen soll das Ereignis China als Weltmacht symbolisieren. Nach innen braucht die Parteiführung es als Botschaft der Stärke. Unglaublich, wie sie das durchsetzt. Man kann gar kein Fernsehen mehr anmachen. Da es aber um dieselben historischen Schauplätze geht, läuft immer eine Folie mit: die Ereignisse um den Tiananmen-Platz im Frühling 1989.

Aus dem Pekinger Frühling 1989 könnte ein Pekinger Sommer 2008 werden?

Diese Regierung hat eine starke internationale Lobby. Das sind ihre besten Mitspieler. Also werden wir euphorische Massen sehen, chinesische Siege bejubeln und eine Menge so grober wie ignoranter Klischees über China zu hören bekommen. Überlebter Kommunismus und pervertierter Sport werden sich den Bruderkuss geben. Man wird uns wochenlang suggerieren, dass all das normal sei. Doch hinter dieser großen Kulisse werden nicht sehr weit entfernt Hunderttausende in den Gefängnissen sitzen. Entschuldigen Sie, wenn ich das nicht vergessen kann.

Da geht etwas nicht zusammen?

Da geht gar nichts zusammen. Jedem ist klar, wie sehr die chinesische Führung die Welt belogen hat. Wir haben keine Menschenrechte, sondern – wenn wir auf der Ebene bleiben wollen – die vielmalige Verletzung der Olympischen Charta. Die Botschaft des Pekinger Sommers wird lauten: Das chinesische Volk wird reicher, die Straßen werden bunter, es gibt Starbucks und McDonald's, das Ganze geht in die richtige Richtung. In den Augen der Sportgranden sollen die Spiele diesen Weg krönen. Damit werden alle Widerwärtigkeiten, die die chinesische Macht aufzubieten hat, vom Tisch gewischt.

Man adelt die Falschen?

Eine Zeit lang hat die westliche Welt argumentiert, dass Peking vor den Spielen Tauwetterpolitik mache und sich toleranter gegenüber Dissidenten und kritischen Stimmen geben werde. Nichts davon ist eingetreten, im Gegenteil. Je näher die Spiele rücken, umso rigider wird das System.

Sie sind enttäuscht von den westlichen Eliten?

Wozu das System in der Lage ist, werden die Chinesen zu spüren bekommen, wenn der Olympiatross wieder abgereist ist. Was wird nach dem ganzen Theater aus »One world – one dream«? Wird noch jemand berichten, wenn das große weltumspannende Gefühl in Hunderten Gefängnissen kurz und klein geschlagen worden ist? Ja, sicher bin ich enttäuscht – wie könnte ich es nicht sein? Vor allem von den westlichen Intellektuellen. Aber da gibt es ja wohl traditionell ein Problem mit dem Gewissen.

Literaturauswahl

Baudrillard, Jean, Noailles, Enrique Valiente: Gesprächsflüchtlinge. Passagen Verlag, Wien, 2004.

Döring, Ole, Steineck, Christian (Hrsg.): Kultur und Bioethik. Eigentum am eigenen Körper. Nomos Verlag, Baden-Baden, 2008.

Franke, Werner, Ludwig, Udo: Der verratene Sport. Elisabeth Sandmann Verlag, München, 2007.

Friedman, Theodore, Rossi, John: Gene Transfer. Delivery and Expression of DNA and RNA. A Laboratory Manual. Cold Spring Harbor Laboratory Press, New York, 2006.

Friedman, Theodore, Schneider, Angela J.: Gene Doping in Sports. The Science and Ethics of Genetically Modified Athletes. Kindle Edition, San Diego, 2006.

Garreau, Joel: Radical Evolution. The Promise and Peril of Enhancing Our Minds, Our Bodies – and what it Means to be Human. Broadway Books. New York, 2006.

He, Qinglian: China in der Modernisierungsfalle. Hamburger Edition, Hamburg, 2006.

Kissler, Alexander: Der geklonte Mensch. Das Spiel mit Technik, Träumen und Geld. Herder Verlag, Freiburg im Breisgau, 2006.

Koch, Egmont R., Wech, Michael: Deckname Artischocke. Die geheimen Menschenversuche der CIA. C. Bertelsmann Verlag, München, 2002.

Mann, James: China Morgana. Chinas Zukunft und die Selbsttäuschung des Westens. Campus Verlag, Frankfurt, New York, 2008.

Meutgens, Ralf: Doping im Radsport. Delius Klasing Verlag, Siekerwall, 2007.

Parisotto, Robin: Blood Sports: The Inside Dope on Drugs in Sport. Hardie Grant Books, Prahran, 2006.

Seidler, Christoph, Froese, Michael J. (Hrsg.): Traumatisierungen in (Ost-) Deutschland. Psychosozial Verlag, Gießen, 2006.

Sinner, D.: Anabole Steroide. Das Schwarze Buch. BMS Verlag, Gronau, 2007.

Spitzer, Giselher: Doping in der DDR. Ein historischer Überblick zu einer konspirativen Praxis. Sport und Buch Strauß Verlag, Köln, 1998.

Virilio, Paul: Die Eroberung des Körpers. Vom Übermenschen zum überreizten Menschen. Carl Hanser Verlag, München, Wien, 1994.

Weinreich, Jens (Hrsg.): Korruption im Sport. Mafiose Dribblings, organisiertes Schweigen. Forum Verlag, Leipzig, 2006.

Quellen

Diel, Patrick, Friedel, Ute: TAB-Studie »Gendoping. Techniken, potentielle biologische Ziele und Möglichkeiten des Nachweises«, 2007.

Hartwich, Rainer bei Höppner, Manfred: BStU ZA, MfS A 637/79.

Kistler, Luitpold: Todesfälle bei Anabolikamissbrauch. Todesursache, Befunde und rechtsmedizinische Aspekte. Dissertation, München, 2006.

Springstein, Thomas: Seine E-Mails liegen in der Strafakte Elbe/Springstein, Staatsanwaltschaft Magdeburg, ein.

Glossar

Anabolika Substanzen, die den körperlichen Aufbau vorwiegend durch Steigerung des Proteinaufbaus fördern, also anabole Wirkung haben. Zu den Substanzen mit anaboler Wirkung zählen insbesondere anabole Steroide und Wachstumshormone.

Blutdoping Eine Methode zur künstlichen Erhöhung der Hämoglobinkonzentration im Blut eines Sportlers durch per Transfusion zugeführte Konserven roter Blutkörperchen (Erythrozytenkonzentrate). Höhere Hämoglobinkonzentrationen verbessern die Sauerstoffaufnahme und -transportkapazität des Blutes, die dem blutgedopten Sportler eine Steigerung seiner Ausdauerleistung ermöglichen. Die für die Transfusionen benötigten Blutkonserven können zuvor durch Eigenblutspenden oder Fremdblutspenden einer bzw. mehrerer geeigneter fremder Personen angelegt werden. Blutdoping steht seit 1988 auf der Liste der verbotenen Methoden des IOC und später der WADA.

Cyborg Ein Organismus, der künstliche, technische oder biologische Teile enthält, ein Mischwesen zwischen lebendigem Organismus und Maschine. Zumeist wird unter einem Cyborg eine Art Mensch-Maschine verstanden, das heißt ein Menschenkörper, in den künstliche Bausteine eingefügt worden sind, zum Beispiel neue Herzen, Prothesen, Schrauben im Skelett, Herzschrittmacher, Implantate und Transplantate. Der Name leitet sich vom englischen *cybernetic organism*, »kybernetischer Organismus«, ab.

DHfK Deutsche Hochschule für Körperkultur in Leipzig, die 1950 ihren Ausbildungsbetrieb aufnahm. 1990 wurde sie aufgelöst, ein geringer Teil des Personals wurde an die am 8. Dezember 1993 neu gegründete Sportwissenschaftliche Fakultät an der Universität Leipzig übernommen. Der DHfK war das illegale Forschungsinstitut für Körperkultur und Sport angegliedert, das 620 Mitarbeiter beschäftigte. Mediziner, Biochemiker und Sportwissenschaftler forschten insbesondere an der Entwicklung neuer Dopingmittel, die – ohne auf der Medikamentenliste der DDR zu stehen und klinisch ausgereift zu sein – massenhaft an Athleten verabreicht wurden. Nach 1989 wurden die kriminellen Machenschaften des Instituts größtenteils unter den Teppich gekehrt. Verantwortliche Wissenschaftler arbeiten weiterhin in der Forschung, an Universitäten, in privaten medizinischen Einrichtungen oder Pharmakonzernen.

EPO Erythropoetin, als EPO bekannt, ist ein Glykoprotein-Hormon, das das Knochenmark stimuliert, mehr rote Blutkörperchen zu bilden. Als Therapeutikum wird biotechnologisch hergestelltes EPO vorwiegend bei der Behandlung der Blutarmut von Dialysepatienten, bei denen die Blutbildung infolge eines Nierenversagens gestört ist, und nach aggressiven Chemotherapiezyklen eingesetzt.

Gendoping Die WADA definiert Gendoping als »den nichttherapeutischen Gebrauch von Zellen, Genen, genetischen Elementen oder die Beeinflussung der Genexpression mit der Möglichkeit, die Leistungsfähigkeit zu steigern«. Am weitesten dürften Genmodulationen erforscht sein und praktiziert werden, molekularbiologisch das Einschleusen von DNA- oder RNA-Molekülen in den menschlichen Organismus. Gendoping basiert auf den Methoden der Gentherapie, die vorwiegend Erbkrankheiten zu heilen versucht.

Gentherapievektor Methode des Gentranfers, bei der ein Virus das therapeutische Gen in die Zelle *(in vivo)* schleust. Für die klinische Behandlung bisher am geeignetsten.

Gentest Zur Entwicklung von Gentests hat die WADA zahlreiche Forschungsprojekte in Auftrag gegeben, die eventuelles Gendoping nachweisen sollen. Gegenwärtig gibt es aber keinen justitiablen Test. Die lange aufrechterhaltene Ansicht, es sei unmöglich, Gendoping zu testen, scheint durch vielversprechende Forschungen wie etwa in Tübingen, widerlegbar. Entscheidend wären jetzt ausreichende Forschungsetats.

IGF-1 Der insulinähnliche Wachstumsfaktor (Insulin-like Growth Factor-1) ist das derzeit einzige, hochwirksame synthetisch hergestellte anabole Hormon. Es wird sowohl im Elitesport als auch intensiv in der Bodybuilderszene eingesetzt. Im Tiermodell konnte nachgewiesen werden, dass es durch intramuskuläre Injektion eines Plasmides, das die Information für humanes IGF-1 trug, dieses in der Muskulatur exprimiert wurde. Allerdings ist das Risiko dabei enorm hoch, da die Wachstumsfaktoren etwa auch das Wachstum hormonabhängiger Tumore regulieren.

Informed Consent Informierte Einwilligung. Sie meint in der Medizin die von Information und Aufklärung getragene Einwilligung des Patienten und ist wirtschaftlich und juristisch gesehen ein zentrales Thema der Arzthaftung.

IOC Das Internationale Olympische Komitee ist eine nichtstaatliche Organisation, die die Olympischen Spiele organisiert und betreut. Rechtlich ist das IOC ein Verein und hat seit 1915 seinen Sitz in Lausanne. Es hält die Schirmherrschaft über die olympische Bewegung und beansprucht alle

Rechte an den olympischen Symbolen, wie Fahne, Mottos und Hymne, sowie an den Spielen selbst.

Myostatin-Blocker In allen Muskelzellen wird laufend Myostatin gebildet, wenn diese durch Testosteron oder durch Training stimuliert werden. Myostatin hat die Aufgabe, ein unbeschränktes Wachstum der Muskeln zu verhindern. In der Viehmast legte man diese natürliche Wachstumsbremse lahm, indem man Antikörper gegen das Myostatin herstellte und mit einem Lösungsmittel in die Muskulatur der Tiere spritzte. Die Tiere setzten so mehr Fleisch an. Ein entsprechendes Verfahren ist prinzipiell auch beim Menschen möglich. Man müsste jedoch das myostatinproduzierende Gen komplett ausschalten.

Nandrolon Ein anaboles Steroid, das wie Testosteron die Entwicklung der männlichen Geschlechtsorgane und den Eiweißaufbau in der Muskulatur beeinflusst. Da Nandrolon eine wesentlich höhere Aktivität als Testosteron aufweist und das Verhältnis zwischen virilisierender Wirkung und anaboler Wirkung zugunsten des Stoffwechseleffekts verschoben ist, ist es als Dopingmittel interessant.

Neuroceutical Modewort für die Summe neurologischer Medikamente, die gesunde Konsumenten nutzen, damit sie ihre Arbeit und ihren Alltag effizienter und besser bewältigen können.

Neuro-Enhancement Insbesondere in den USA wird unter dem Stichwort »*Enhancement*« (engl. für »Steigerung« und »Verbesserung«) eine erbitterte Debatte darüber geführt, ob es legitim sei, kognitive und emotionale Fähigkeiten mit Hilfe von Neurotechnologien zu verbessern. Vertreter der Enhancement-Technologien weisen darauf hin, dass im me-

Danksagung

Ich hatte das Glück, bei der Recherche immer wieder auf Menschen zu stoßen, die sich einen sauberen Sport zur Mission gemacht haben. So danke ich aufs herzlichste Professor Werner Franke, dem eigentlichen Sportminister des Landes, sowie Hans Geyer aus dem Kölner Dopinglabor. Robin Parisotto und Nikolai Durmanow haben nicht nur mit ihrer Kompetenz für ein Interview zur Verfügung gestanden, sondern als Gendoping-Spezialisten auch viel Hintergrundmaterial bereitgestellt. Ich danke Herbert Fischer-Solms, Thomas Purschke, Ralf Meutgens, Michael Baumbach, Winfried Hermann, Swen Schulz, Peter Danckert, Ole Döring, Edda Uhlmann, Marianne Heuwagen und Katrin Gerlinger für wichtige Informationen und Hinweise.

Ich danke Susanne Milkau, die mir beim Ordnen meiner Gedanken ein wichtiges Gegenüber war. Ich danke Klaus Zöllig und dem Dopingopferhilfsverein, die die Recherche nach China ermöglicht haben. Mein Dank gilt den in China akkreditierten Journalisten Henryk Bork, Johnny Erling, Frank Hollmann und Jutta Liersch für die kundige Einführung in Sachen China sowie den chinesischen Journalisten, die aus Sicherheitsgründen nicht genannt werden können. Ich danke Carla Hicks und Birgit Übensee für Lektüre und sachkundigen Rat. Und ich danke Andreas Petersen für allen Beistand, seine Ideen und die Zeit, die er in dieses Projekt mit hineingegeben hat.

Ich danke meinen Verlegern Michael Zöllner und Tom Kraushaar dafür, trotz etlicher Hindernisse an der Idee des

Buches festgehalten zu haben. Danken möchte ich meinem Agenten Uwe Heldt für seinen Langmut bei der Betreuung des Vorhabens. Und nicht zuletzt danke ich meinem Lektor Frank Wegner für den besseren Text. Die gemeinsame Arbeit hat großen Spaß gemacht.

I. G.

Yu Hua
Der Mann, der sein Blut verkaufte
250 Seiten, gebunden mit Schutzumschlag,
ISBN 978-3-608-93494-6

Eine kleine Stadt in Zentralchina. Eines Tages erfährt der
Seidenfabrik-Arbeiter Xu, daß man sein Blut verkaufen und
damit viel Geld verdienen kann. Man muss nur hinterher
im Restaurant »Zum Sieg« eine Portion Schweineleber mit
heißem Reiswein zu sich nehmen und kommt dann schnell
wieder zu Kräften.

Xu probiert es aus – alles geht gut. Von nun an will er
immer dann, wenn er Geld benötigt, von dieser Möglichkeit
Gebrauch machen. Doch die Krisen in seiner Familie reißen
nicht ab. Fast vierzig Jahre hindurch begleiten wir Xu: durch
die Wechselfälle einer Ehetragödie, durch Naturkatastrophen
und die Jahre des großen Hungers und die Kulturrevolution.

Drei Kinder gehen hervor aus Xu's Ehe, und auch manche
ihrer Probleme bewältigt er mit seinem alten Notbehelf. So
lange, bis einer seiner Söhne schwerkrank nach Shanghai
ins Krankenhaus transportiert wird. Xu muss eine gewaltige
Summe aufbringen und macht sich auf eine lange, kräfte-
zehrende Reise, die ihn durch sechs Städte führt ...

Der Erzähler Yu Hua will, wie er sagt, »keine Kunst hervor-
bringen«, sondern er stellt authentisches Leben dar. Seine
Meisterschaft liegt in dem, was man die Dramatik des
Einfachen nennen könnte. Zugleich mit dem Leben eines
Einzelnen schildert Yu Hua das Schicksal des chinesischen
Landvolkes in bewegenden, ja zum Teil erschütternden
Szenen.

Klett-Cotta
www.klett-cotta.de